Seefahrertraining

Für meine Mutter, die immer an mich glaubt

Die Deutsche Nationalbibliothek verzeichnet diese Publikation in der Deutschen Nationalbibliografie; detaillierte bibliografische Daten sind im Internet über http://dnb.dnb.de abrufbar.

Wolfgang Reif & Sonja Temme GbR
Oleanderstraße 12 - 41470 Neuss
Tel. 0 21 37/95 27 88
Fax 0 21 37/95 27 83

Titelbild von Konstantin Alexander Maaß

ISBN 978-3-928249-41-6
www.skript-verlag.de

Silvia Maaß

Seefahrertraining

Ein Förderprogramm für Vorschulkinder und jüngere Grundschulkinder zum Thema Wasser

Mein Dank gilt allen, die direkt oder indirekt zum Entstehen dieses Buches beigetragen haben: z. B. Renate, Konstantin, Franz, Jörg, Rainer, Angela, Eleonore, Katrin, die vielen Kinder, die im Laufe der Jahre am „Seefahrertraining" teilgenommen haben und ganz besonders Wolfgang Reif, der mir mit unendlicher Geduld und guten Ideen geholfen hat, aus einem Projekt dieses Praxisbuch zu entwickeln.

skript-Verlag

Inhalt

Einleitung

Die Konzeption des „Seefahrertrainings" folgt vier Schwerpunkten:

1. Es handelt sich um ein längerfristiges Projekt zum Thema „Wasser", in welchem die Kinder durch vielfältiges Erleben und Experimentieren Wissen erwerben. Das Projekt folgt einer Rahmenhandlung mit einem abschließenden Fest („Unterwasserschatzsuche") und die Kinder kreuzen am Ende jeder Einheit die durchgeführten Übungen in ihren Seefahrtsbüchern an.

2. Der Aufbau des Trainingsprogramms erlaubt eine gezielte und systematische Beobachtung einzelner Kinder oder aller Teilnehmer, die kurz vor dem Schuleintritt stehen. Stärken und Auffälligkeiten können herausgearbeitet und dokumentiert werden als Grundlage für einen ganzheitlichen Blick auf die Kinder.

3. Das Seefahrertraining eignet sich auch ohne systematische Beobachtung als Schulvorbereitung oder Bildungsprojekt für jüngere Grundschüler.

4. Allen Teilnehmern wird eine kindgerechte, bildungsorientierte Förderung zuteil.

Das Trainingsprogramm besteht aus zwölf Einheiten, die alle entwicklungsrelevanten Bereiche abdecken und die jeweils geforderten Kompetenzen prüfen und fördern. In der ersten Einheit erfolgt eine Einführung in die Thematik, die auch Spiele zum besseren Kennenlernen einschließt.

Bereits hier bietet sich die Möglichkeit, die sozialen Kompetenzen zu beobachten. In den darauf folgenden Einheiten geht es um Spiele und Übungen in den Bereichen der taktilen Sensorik und Tiefensensibilität, der visuellen und auditiven Wahrnehmung, um Motorik, Sprache, Kognition, Gedächtnis und Aufmerksamkeit.

Die jeweiligen Übungen können in jeder Einheit individuell zusammengestellt werden, wobei die Basisübungen auf jeden Fall durchgeführt werden sollten, wenn eine gezielte und systematische Beobachtung vorgesehen ist. Beobachtungshinweise zeigen dem Leser, worauf bei den jeweiligen Spielübungen zu achten ist. Außerdem schließt jede Einheit mit Beispielen für Fördermöglichkeiten ab.

Im Anschluss an die zwölf Trainingseinheiten (Anhang) sind dann noch verschiedene Anregungen zu finden, die die Möglichkeit bieten, das Thema Wasser z. B. mit Hilfe von Experimenten und kreativen Ideen zu vertiefen.

1 Entwicklungsrelevante Förder- und Beobachtungsbereiche

1.1 Die Wahrnehmung

Das Wahrnehmungssystem ist dafür zuständig, Informationen aus der Umwelt aufzunehmen und zu verarbeiten. Unsere sensorischen Systeme vollbringen Meisterleistungen. Sie nehmen sensorische Reize auf, wandeln sie in neuronale Impulse um und transportieren diese dann an das Gehirn (Myers, 2014). Die von uns wahrgenommenen Empfindungen werden durch Sinnesorgane ermöglicht. Unter Sinnesorganen sind „spezielle, ausgestaltete Bereiche des Organismus" zu verstehen (Schandry 2011, S. 224). Zu unterscheiden sind folgende Hauptsinnesorgane: Auge (Sehen), Ohr (Hören), Haut (Empfindungen der Haut), Nase (Geruch), Zunge (Geschmack), Innenohr (Körperbewegung/Gleichgewicht), Muskeln, Sehnen und Gelenke (Kinästhesie / Körperposition).

Wahrnehmung ist die „Verknüpfung einer Sinnesempfindung mit Inhalten der Erfahrung und mit Informationen aus anderen Sinnesmodalitäten" (Schandry 2011, S. 218). Die Empfindungen stellen die erste Stufe des komplexen Wahrnehmungsprozesses dar. In der zweiten Stufe findet die Organisation der Wahrnehmung statt, d.h. hier wird eine innere Repräsentation des Wahrgenommenen aufgebaut. So können u.a. Schätzungen und Lokalisierungen vorgenommen werden. In diesen Bereich fällt auch bereits das Integrieren und Kombinieren.

Als Nächstes erfolgt das Identifizieren und Einordnen (Wiedererkennen). Bedeutungen werden zugeordnet, Erinnerungen zu Rate gezogen, Theorien angewendet und so weiter. Um ein Objekt oder Ereignis zu identifizieren, müssen kognitive Prozesse auf hohem Niveau ablaufen können. Die Wahrnehmungsprozesse dienen als Grundlage für die Entwicklung aller anderen Funktionsbereiche.

Die Wahrnehmungsbereiche sind eng miteinander verflochten. Es muss eine Ausgewogenheit zwischen den einzelnen sensorischen Kanälen bestehen – eine sensorische Integration. Anderenfalls ist ein intermodaler Bezug schwer möglich, der dafür sorgt, dass vielfältige sensorische Informationen empfangen werden können und adäquates Reagieren gelingt (Goddard Blythe, 2011).

Probleme im Bereich der sensorischen Integration können schwerwiegende Auswirkungen auf Sprache, Aufmerksamkeit, Motorik und Sozialverhalten haben. Obwohl die einzelnen Wahrnehmungsbereiche so eng verzahnt sind, werden im vorliegenden Förderprogramm Spiele und Übungen gesondert für die Bereiche der taktilen Sensorik und Tiefensensibilität, der visuellen und der auditiven Wahrnehmung vorgestellt. Die vestibuläre Wahrnehmung (Gleichgewicht) ist u. a. im grobmotorischen Bereich des Förderprogramms zu finden.

1. 2 Grob- und Feinmotorik

Die motorische Entwicklung vollzieht sich nach einem Muster: vom Kopf zum Fuß, von innen nach außen (Goddard Blythe, 2011, S.172). Im vorliegenden Förderprogramm können die motorischen Kompetenzen in zwei Übungseinheiten (grobmotorischer- und feinmotorischer Bereich) besonders intensiv beobachtet werden. Die Kinder durchlaufen die grobmotorischen Übungen spielerisch in Form eines imaginären Tauchganges. Auch die feinmotorischen Übungen finden im Rahmen eines Rollenspiels statt, in welchem die Kinder „ein U-Boot besichtigen".

In dieser Einheit werden u.a. die Finger-Hand-Geschicklichkeit, Beidhandkoordination, die visuo-motorische Koordination, und die Graphomotorik geprüft und gefördert. Visuomotorische Koordination meint die Fähigkeit, das Sehen mit Körperbewegungen zu koordinieren. Auch in den Übungseinheiten zur grobmotorischen Entwicklung findet diese wichtige Fähigkeit Berücksichtigung (Werfen, Fangen, Zielwerfen). Die Graphomotorik ist für das Zeichnen, Schreiben usw. zuständig.

Im Bereich der grobmotorischen Entwicklung stehen sowohl konditionelle als auch koordinative Fähigkeiten im Blickpunkt. Den konditionellen Fähigkeiten werden Kraft, Schnelligkeit und Ausdauer zugeordnet.

Zu den koordinativen Fähigkeiten zählen u.a statisches und dynamisches Gleichgewicht, Reaktionsfähigkeit, Rhythmusfähigkeit, räumliche Orientierungsfähigkeit, Bewegungskoordination und visuo-motorische Koordination (Auge-Hand-Koordination) sowie die kinästhetische Differenzierungsfähigkeit (Geschicklichkeit, Beweglichkeit, Bewegungselastizität und Kraftdosierung).

Dem Gleichgewicht kommt eine zentrale Rolle zu, denn es ist für alle Funktionsabläufe von grundlegender Bedeutung (Goddard Blythe, 2011). Ein perfektes Gleichgewicht wäre demnach die Fähigkeit zur „Nichtbewegung" und das ist, so Goddard Blythe (2011), die höchstentwickelte Form der Bewegung, denn es erfordert eine reife Haltungskontrolle. Kinder mit Gleichgewichtsproblemen benötigen Bewegung, nur so können sie sich konzentrieren. Es wird schnell klar, dass Gleichgewichtsauffälligkeiten Probleme in vielen anderen Bereichen nach sich ziehen (siehe 1.1 Die Wahrnehmung).

1.3 Kognition und Sprache

Unter Kognition versteht man die „Gesamtheit der geistigen Aktivitäten im Zusammenhang mit Denken, Wissen, Erinnern und Kommunizieren" (Myers, 2014, S.186). Neben dem Denken umfasst Kognition, so Zimbardo (1999), das Problemlösen, die Mustererkennung, das Gedächtnis, die Aufmerksamkeit, das Sprechen und Sprachverstehen sowie das intelligente Handeln.

Kognitive Prozesse sind demnach geistige Operationen, innerhalb derer dialektische Wechselverhältnisse zwischen den einzelnen Funktionsbereichen, wie Aufmerksamkeit, Sprache, Gedächtnis usw. bestehen.

Die kognitiven Kompetenzen sind beispielsweise für die Sprachentwicklung von großer Bedeutung, wie umgekehrt auch die sprachlichen Fähigkeiten bedeutsam sind für die kognitive Entwicklung. So bereiten kognitive Prozesse die Sprachäußerungen vor und sind beteiligt beim Sprachverstehen.

Odreitz (1982) weist auf die Gefahr hin, dass eine Beeinträchtigung der sprachlichen Entwicklung zu einer Beeinflussung der Erkenntnistätigkeit, also der Wahrnehmung, Begriffsbildung, Gedächtnis und Problemlösung, führen kann.

Sprachprobleme haben demnach oft eine Einschränkung des begrifflichen Denkens und Wissens, aber auch verändertes Sozialverhalten zur Folge.

Für Kinder gibt es, was den Spracherwerb betrifft, eine besonders wichtige und begünstigende Phase. Diese beginnt in den ersten Lebenswochen und reicht bis zum siebenten Lebensjahr (Schandry, 2011).

Trotz des engen Bindungsgefüges werden im vorliegenden Förderprogramm die Bereiche rechnerisches Denken, produktives Denken, Aufmerksamkeit, Gedächtnis und Sprache schwerpunktmäßig in einzeln voneinander abgegrenzten Einheiten beobachtet und gefördert.

1.4 Soziale Kompetenzen

Unter sozialen Kompetenzen sind jene Verhaltensweisen zu verstehen, die es dem Kind ermöglichen, im Umgang mit anderen Kindern oder Erwachsenen zu bestehen (erfolgreich zu sein).

Es geht also um angemessene Reaktionen des Kindes in unterschiedlichen sozialen Situationen. Voraussetzung dafür ist eine differenzierte soziale Wahrnehmung. Erst wenn es dem Kind gelingt, Gefühle anderer richtig zu deuten, kann es angemessen reagieren.

Die soziale Entwicklung des an diesem Förderprogramm teilnehmenden Kindes wird in jeder einzelnen Einheit sichtbar. Bereits die Einführungsstunde bietet Gelegenheit, die entsprechenden Kompetenzen zu beobachten.

Wichtige Beobachtungen sollten in folgende Richtung geleitet werden (Beobachtungsbogen in der Einführungseinheit):

- Aufgeschlossenheit oder große Scheu anderen (fremden?) Kindern gegenüber
- Freundlichkeit oder Aggressivität im Umgang mit anderen Kindern
- Bereitschaft oder Unwilligkeit, Probleme verbal zu lösen
- Fähigkeit, abwarten (sich auch zurücknehmen) zu können und dennoch in annehmbarer Weise seine eigenen Bedürfnisse durchzusetzen
- Ansätze kooperativer Handlungen
- Akzeptieren und Einhalten der Spielregeln
- Demonstrieren eines gesunden Selbstvertrauens, ohne andere Mitspieler herabzuwürdigen …

2 Das Förderprogramm

2.1 Aufbau des Förderprogramms

Die zwölf Einheiten des Seefahrertrainings bieten die Möglichkeit, mit den Kindern ein Projekt zum Thema Wasser durchzuführen. Die Kinder erfahren Wissenswertes sowohl über das Leben unter Wasser als auch über die Seefahrt und vieles mehr. Der Erwachsene hat zusätzlich zu dem Bildungsangebot die Möglichkeit, die Kinder systematisch zu beobachten und – darauf aufbauend – entsprechende Fördermaßnahmen einzuleiten.

Den Kindern wird in Aussicht gestellt, in der letzten Trainingseinheit als Höhepunkt an einer „Unterwasserschatzsuche" teilzunehmen. Dieser krönende Abschluss dient den Kindern als Motivation, die einzelnen Trainingseinheiten zu durchlaufen. In diesen Einheiten werden den Kindern Spiele und Übungen angeboten, die alle entwicklungsrelevanten Bereiche fördern. Am Ende des Trainingsprogramms gibt das Entwicklungsprofil dem Erwachsenen Gelegenheit, die einzelnen Beobachtungen zusammenzufassen.

Jede Trainingseinheit setzt sich zusammen aus den vorgeschlagenen Übungen und den dazugehörigen Beobachtungshinweisen sowie dem Bereich Wissensvermittlung. Während die Basisübungen auf jeden Fall durchgeführt werden sollten, wenn die Absicht einer systematischen Beobachtung besteht, können die übrigen Übungen bei Bedarf zusätzlich – vielleicht auch an einem anderen Tag – angeboten werden.

Am Ende der Einheiten sind Erfolgsprotokolle zu finden, die es ermöglichen, die zusammengetragenen Beobachtungen systematisch festzuhalten. Es besteht bei Bedarf die Möglichkeit, die entsprechenden Kopiervorlagen im Anhang zur Elterninformation zu nutzen. Außerdem bilden Vorschläge für weiterführende Fördermaßnahmen in jeder Trainingseinheit den Abschluss.

Im Anhang findet der Leser weitere Anregungen zum Thema Wasser, die entweder während des Trainingsprogramms mit eingebaut werden oder zu einem späteren Zeitpunkt zur Vertiefung der Thematik Verwendung finden können. So sind beispielsweise faszinierende Experimente aufgeführt sowie Vorschläge für verschiedene Techniken in der Bildgestaltung.

2.2 Diagnostische, datenschutzrechtliche und sonstige Überlegungen

Das vorliegende Förderprogramm bietet die Möglichkeit, die teilnehmenden Kinder mit Hilfe diagnostischer Beobachtungshinweise dahingehend zu beobachten, ob sie in ihrer Entwicklung herausragende Begabungen einerseits bzw. auffälligere Verzögerungen oder Defizite andererseits aufweisen. Es handelt sich hierbei nicht um ein standardisiertes Testverfahren. Das Arbeiten mit einem solchen Instrument sollte jedoch auch den dafür zuständigen Fachleuten vorbehalten bleiben. Stattdessen erhalten bei dem vorliegenden Förderprogramm Erzieherinnen, Therapeuten, Eltern etc. Gelegenheit zu einer systematischen Überprüfung, die den Kindern zudem Freude bereitet und ihnen Wissen und Können vermittelt. Für jedes Kind kann am Ende des Seefahrertrainings ein individuelles Entwicklungsprofil erstellt werden, das möglicherweise als Grundlage für ein Entwicklungsgespräch dient. Das Entwicklungsprofil zeigt sowohl deutlich Begabungen und Stärken als auch vorhandene Schwächen, sodass nun - wenn nötig - ganz gezielte Fördermaßnahmen daraus abgeleitet werden können.

Datenschutzrechtliche Aspekte müssen berücksichtigt werden, denn bei der gezielten Beobachtung der Kinder und der Protokollierung der beobachteten Ergebnisse (die entsprechende Maßnahmen nach sich ziehen sollten) handelt es sich um eine Erhebung und Verarbeitung von personenbezogenen Daten. Obwohl es eigentlich selbstverständlich sein sollte, ist dennoch darauf hinzuweisen, dass der Austausch von Informationen über das jeweilige Kind mit den Eltern einfühlsam vonstatten gehen muss. Der Einfachheit halber wird auf die weibliche Entsprechung zum „Kursleiter" verzichtet.

2.3 Arbeiten mit den Erfolgsprotokollen

Ein Erfolgsprotokoll ist ausreichend bei einer Gruppe von sechs Kindern. Bei mehr als sechs Teilnehmern müssen entsprechend mehr Blätter kopiert werden. Im Tabellenkopf werden Name und Alter der teilnehmenden Kinder eingetragen. Für die Altersangabe reicht ein quartalsmäßiges Intervall (z. B. 5 ¼, 5 ½, 6 Jahre ...). In die jeweilige Spalte kann dann ein Minuszeichen (-) oder ein Fragezeichen (?) Aufschluss darüber geben, ob bei dem entsprechenden Kind bei einer bestimmten Übung Auffälligkeiten zu beobachten waren bzw. ob eine zusätzliche spätere Beobachtung angebracht ist.

Unter Auffälligkeiten sind hierbei Schwächen oder Probleme des Kindes zu verstehen. Ein Plus (+) bedeutet, dass in dem getesteten Bereich alles in Ordnung ist. Ein Doppelplus (++) soll Kindern vorbehalten bleiben, die bei der entsprechenden Übung eine herausragende Leistung präsentierten. Unter der Tabelle ist etwas Platz, um Beobachtungen festzuhalten. Abschließend werden die Ergebnisse des Erfolgsprotokolls an der entsprechenden Stelle des Entwicklungsprofils zusammengefasst (siehe 2.4).

2.4 Das entstandene Entwicklungsprofil

Die ausgefüllten Erfolgsprotokolle bzw. Beobachtungs- und Einschätzungsbögen geben einen Überblick über die in den einzelnen Übungen beobachteten Fähigkeiten der Kinder. Am Ende des Seefahrertrainings besteht die Möglichkeit, anhand des nachfolgenden Formulars ein Entwicklungsprofil für jedes Kind zu erstellen. Dadurch werden die vorliegenden Ergebnisse übersichtlich zusammengefasst.

Da die Kinder gerade zum Ende des Vorschulalters oft sehr schnell in ihrer Entwicklung voranschreiten, kann es zu großen Fortschritten innerhalb kürzester Zeit kommen. Wenn das Förderprogramm über einen längeren Zeitraum durchgeführt wird, sollte man diesen Aspekt berücksichtigen.

Entstanden ist ein auf das einzelne Kind zugeschnittenes Instrument, welches Stärken und Schwächen anzeigt und das den erwachsenen Bezugspersonen das Ableiten weiterführender Fördermaßnahmen erleichtert (siehe z. B. die Vorschläge am Ende der einzelnen Übungseinheiten).

Entwicklungsprofil

Name des Kindes ______________________ Alter des Kindes ________

	Getesteter entwicklungsrelevanter Funktionsbereich	++	+	?	-	(Potentielle) Auffälligkeiten oder besondere Begabungen in folgenden Bereichen
1	Taktile Sensorik und Tiefensensibilität					
2	Visuelle Wahrnehmung					
3	Auditive Wahrnehmung					
4	Aufmerksamkeit					
5	Grobmotorische Entwicklung					
6	Feinmotorische Entwicklung					
7	Rechnerisches Denken					
8	Produktives Denken					
9	Sprache					
10	Gedächtnis					
11	Soziale Kompetenzen					

++ besondere Begabung in diesem Bereich, die gefördert werden sollte

\+ altersgerechte Entwicklung

? eventuell leichte Auffälligkeiten; das Kind sollte diesbezüglich beobachtet werden

\- das Kind zeigt hier Auffälligkeiten, die Fördermaßnahmen erforderlich machen

Geplante oder bereits durchgeführte Fördermaßnahmen

Die zwölf Trainings-einheiten

1

1. Einführungsstunde

START

Material

- **eine** vorbereitete Schatzkarte (siehe Farbillustration im Anhang)
- Kopien der Schatzkarte **für jedes Kind** (siehe Kopiervorlage **1-1** im Anhang)
- vorbereitete Seefahrtsbücher **für jedes Kind** (siehe Kopiervorlage **S. 22 - 24**)
- wenn möglich, ein Foto (z. B. Passbild) von jedem Kind
- Klebstoff
- Stempel (z. B. mit einem lustigen Kindermotiv) und Stempelkissen
- Buntstifte
- kleine Salzbrezel o. Ä.
- **ein** Beobachtungsbogen für den Kursleiter **(1-3)**

- *evtl. Schnellhefter für jedes Kind (Trainingshefter) oder Heftstreifen zum Abheften (Kopiervorlage für Deckblatt siehe Anhang)*
- *evtl. Informationen für die Eltern (Kopiervorlage im Anhang)*
- *evtl. Fotoapparat, um schöne Situationen für die Kinder festzuhalten*

Vorbereitung

Wenn es möglich ist, sollte für jedes Kind ein Seefahrtsbuch gebastelt werden. Das ist sehr aufwendig, die Freude der Kinder an ihren Ausweisen rechtfertigt jedoch die Mühe. Die kopierten Blätter werden durchgeschnitten, zu einem breiten Band zusammengeklebt und dann wie eine Ziehharmonika gefaltet. Die Schatzkarte kann man kopieren, ausschneiden und evtl. den oberen Rand aufgerollt über einen Stock festkleben.

Z Zusammenfassung

Die Kinder sollen im weitesten Sinn für das Thema „Wasser" begeistert werden. Dabei sind das Zeigen der Schatzkarte und der Ausblick auf eine gespielte „Unterwasserschatzsuche" hilfreich.

Den Kindern wird erklärt, dass sie als Teilnehmer allerdings erst einmal richtig gute Wasserforscher und trainierte Seeleute werden müssen. Daher erhalten sie ein Seefahrtsbuch, in welchem sie alle durchgeführten Übungen ankreuzen können. Sie gestalten die erste Seite und dürfen anschließend die Schatzkarte ausmalen. Da die Kinder nun für längere Zeit eine „Mannschaft" bilden, werden lustige Spiele zum besseren Kennenlernen genutzt.

Einführung des Themas

Vorschlag für die Vorgehensweise

„Vor ein paar Wochen ist mir etwas Unglaubliches passiert. Auf dem Dachboden meines Großvaters fand ich diese seltsame Karte (Schatzkarte zeigen). Zuerst wusste ich gar nichts damit anzufangen, ich drehte sie hin und her und hatte keine Ahnung, was das sein sollte. Dann las ich Folgendes (Text auf der Schatzkarte vorlesen).

Habt ihr eine Idee, was es mit der Karte auf sich haben könnte? (Ideen sammeln). Ich denke, ihr habt recht, es könnte eine Schatzkarte sein. Mein Großvater war Seemann. Er hat mir einmal erzählt, dass er beinahe einen Schatz aus dem Wasser geborgen hätte.

Diese Schatzkarte hat mich auf die Idee gebracht, mit euch ein Seefahrertraining durchzuführen.

Ihr werdet viel über das Thema Wasser erfahren und kleine Experimente durchführen. In Spielen und Übungen trainiert ihr dann auch euren Körper, damit ihr richtig gute Seefahrer und Taucher werdet.

Die Spiele und Übungen kreuzen wir in unseren Seefahrtsbüchern an. Am Ende unseres Trainings seid ihr dann bereit, um eine Unterwasserschatzsuche zu starten, bei der ihr übrigens nicht nass werdet."

1. Seefahrtsbücher, „Passbild" und Stempel

Alle Kinder erhalten ein „Seefahrtsbuch" (S. 22 - 24), in welches sie ihr Passbild hineinmalen oder ein Foto hineinkleben dürfen. Anschließend wird das Passbild abgestempelt.

2. Schatzkarte ausmalen

3. Kennenlernspiele

Mein rechter Platz ist leer

Um sich die Namen der übrigen Kinder schnell zu merken, bietet sich natürlich das altbekannte Spiel an: „Mein rechter, rechter Platz ist leer, ich wünsche mir die/den ... her".

Variation: Statt Vornamen zu rufen, können sich die Kinder den Namen eines Meeresbewohners aussuchen und ihn nennen. Dann heißt es z. B.: „Mein rechter Platz ist leer, ich wünsche mir das Seepferdchen her ...".

Wasserladen

Die Kinder sitzen im Kreis. Ein Kind übernimmt die Rolle des Verkäufers und ein anderes Kind spielt den Kunden. Nachdem der Kunde den Raum verlassen hat, besprechen die übrigen Kinder mit dem Verkäufer, welches Tier, Schiff, Boot ... sie darstellen wollen. Die Rolle muss in irgendeiner Weise mit Wasser zu tun haben. Dann bittet der Verkäufer den Kunden herein und führt ihm seine „Verkaufsmodelle" einzeln vor (bzw. die Kinder spielen ihre Rolle). Der Kunde muss nun entscheiden, was er kaufen will und nimmt seine „Ware" mit ... Die Rollen können mehrmals getauscht werden.

Gefangen oder durchgewutscht?

Zwei Kinder sind die „Angler".

Sie stehen mit gegrätschten Beinen (Brücken) nebeneinander. Hinter ihrem Rücken sind die Fische, die nacheinander versuchen müssen, durch eine der beiden Brükken hindurchzuschlüpfen, so schnell und geschickt, dass der Angler es erst zu spät bemerkt. Dann sind sie in Sicherheit.

Wenn der Angler stattdessen schnell reagiert und die Beine schließt, dann ist dieser Fisch gefangen und scheidet aus. Auch hier werden die Rollen anschließend getauscht. Das Spiel funktioniert auch mit nur einem Angler.

Der Butz und die frechen Fische
Die Kinder sitzen auf Stühlen im Kreis. Ein Kind („Der Butz") kommt zum Spielleiter und bettet seinen Kopf auf dessen Schoß oder auf ein Kissen, das auf dem Schoß des Spielleiters liegt, sodass „der Butz" nichts sehen kann. Auf den Rücken des Kindes wird eine Salzbrezel o. Ä. gelegt. Die Kinder sind Fische, die ganz still sitzen bleiben und nur auf eine Gelegenheit warten, um das Essen zu stibitzen.

Der Spielleiter zeigt wortlos auf ein Kind, welches nun sein Glück als „frecher Fisch" versuchen darf. Es schleicht sich heran, so lautlos es kann. Sobald „der Butz" etwas hört ruft er „Stopp!" und zeigt in die Richtung, aus der das Geräusch kam. Hat er den „frechen Fisch" ertappt, so beginnt das Spiel von vorn und ein anderer „frecher Fisch" beginnt mit dem Heranschleichen.

Zu Ende ist die Runde erst, wenn es einem Kind gelungen ist, an das Esen zu gelangen, welches es dann behalten darf. Ein anderer „Butz" beginnt nun die neue Runde.

Ankreuzen der durchgeführten Spiele in den Seefahrtsbüchern

Beobachtung der sozialen Kompetenzen

Die Kennenlernspiele sind u. a. sehr nützlich, wenn es darum geht, sich einen ersten Eindruck über die sozialen Kompetenzen der Kinder zu verschaffen. Daher empfiehlt es sich, gleich im Anschluss an die Einführungsstunde sich ein paar Notizen zu machen. Als Anregung dienen die Kriterien auf dem nachfolgenden Beobachtungsbogen:

Beobachtungsbogen

Beobachtungshinweise

- Aufgeschlossenheit oder große Scheu anderen (fremden?) Kindern gegenüber
- Freundlichkeit oder Aggressivität im Umgang mit anderen Kindern
- Bereitschaft oder Unwilligkeit, Probleme verbal zu lösen
- Fähigkeit, abwarten, sich auch zurücknehmen zu können und dennoch in annehmbarer Weise seine eigenen Bedürfnisse durchzusetzen
- Ansätze kooperativer Handlungen
- Akzeptieren und Einhalten der Spielregeln
- Demonstrieren eines gesunden Selbstvertrauens, ohne andere Mitspieler herabzuwürdigen

Beobachtungen und Schlussfolgerungen

Seefahrtsbuch

Name ______________________

Alter ______________________

Unterschrift ______________________

1. Einführungsstunde	Übung mitgemacht	war schön ☺	war nicht schön ☹
Passbild und Stempel			
Schatzkarte ausmalen			
Mein rechter Platz ist leer			
Wasserladen			
Gefangen und durchgewutscht			
Der Butz und die frechen Fische			

2. Fühlen und Tasten (taktile Sensorik und Tiefensensibilität)	Übung mitgemacht	war schön ☺	war nicht schön ☹
Gesehenes unter Wasser ertasten			
Der Finger-Daumen-Test			
Der Finger-Nase-Test			
Der malende Fisch			
Rückenspiel: Der kleine Wal			
(Unter Wasser: Gleich oder anders?)			
(Der kitzelnde Delphin)			
(Formen auf Pappe ertasten)			

Darüber habe ich etwas gelernt:

Wasser – wo finden wir es und warum ist es lebensnotwendig?

3. Ich sehe was, was du nicht siehst (visuelle Wahrnehmung)	Übung mitgemacht	war schön ☺	war nicht schön ☹
Unser Schiff			
Formensalat			
Schiffsrouten einzeichnen			
Fehlerbilder			
Farbspiel: Fisch oder Gummibärchen verstecken			
Zusatzübungen			
(Trinkhalmbilder nach Vorlage nachbauen)			
(Trinkhalmbilder legen aus dem Gedächtnis)			
(Ein Bild aus Quadraten)			

Darüber habe ich etwas gelernt:

Unter Wasser gibt es viel zu sehen

4. Hörspiel (auditive Wahrnehmung)	Übung mitgemacht	war schön ☺	war nicht schön ☹
Hört ihr das Glöckchen?			
Wo ist der Schatz?			
Gleich oder anders?			
Instrumentenreihenfolge			
Der Kapitän ruft seine Mannschaft			
Achtung, der Hai kommt			
Zusatzübungen			
(Schiffskonzert)			
(Geräusche-Kim)			

Darüber habe ich etwas gelernt:

Töne sind Schallwellen …

5. Das Wasser (Aufmerksamkeit)	Übung mitgemacht	war schön ☺	war nicht schön ☹
Aus Knete Landschaften formen			
Wasserströme und Flüsse gestalten			
Wasserkreislauf malen			
Was hat sich verändert, Kapitän?			

6. Tauchübungen (Grobmotorik)	Übung mitgemacht	war schön ☺	war nicht schön ☹
Vom Boot springen			
Durch Hindernisse abtauchen			
Auf Meeresgrund balancieren			
Bein verletzt - Einbeinhüpfen rechts			
Hai verscheuchen (Zielwerfen)			
Bein schonen (auf rechtem Bein stehen)			
Heiße Quelle (Grätschsprung)			
Linkes Bein testen			
Zehenspitzengang			
Freudentanz: Hopserlauf			

Darüber habe ich etwas gelernt: Wie entstand Wasser, Wasserkreislauf …

7. U-Boot-fahren (Feinmotorik)	**Übung mitgemacht**	**war schön** ☺	**war nicht schön** ☹
U-Boot-Tür öffnen			
U-Boot 016			
Kommandozentrale			
Futterluke bedienen – seltene Fische beobachten			
Seekarte einzeichnen			
Spiel: U-Boot steuern			
Zusatzübung			
(U-Boot verlassen, Knopf schließen)			

Darüber habe ich etwas gelernt: U-Boote

8. Zehn Fische (rechnerisches Denken)	**Übung mitgemacht**	**war schön** ☺	**War nicht schön** ☹
Zehn Fische zählen			
Fliegende Fische			
Fischgruppen vergleichen			
Wie viele Fische fehlen?			
Drei Fischgruppen			
Drei Fischgruppen vergleichen			
Klopfspiel			
Spiel: Der Fischfütterer			

Darüber habe ich etwas gelernt: Fische

9. Das Inselquiz (Übungen zum produktiven Denken)	**Übung mitgemacht**	**war schön** ☺	**war nicht schön** ☹
Kalt und heiß			
Hier stimmt was nicht: Quatschbilder			
Inselquiz: Warum …?			
Wozu …?			
Was passiert, wenn …?			
Was muss raus?			
Die fleischfressende Pflanze			

Darüber habe ich etwas gelernt: Wasserpflanzen

10. Wer kann was erzählen? (Sprache)	**Übung mitgemacht**	**war schön** ☺	**war nicht schön** ☹
Viele Sprachen an Bord			
Wer spricht unsere Sprache gut?			
Wie viele Teile haben unsere Namen?			
Ein Reim oder kein Reim?			
Rollenspiel: Kleines Theater			
11. Gedächtnisprofis			
Was fehlt?			
Auf meiner Schiffsreise …			
Welcher Fisch ist es?			
Der Tastbeutel			

Darüber habe ich etwas gelernt: Seeleute, Schiffe

2. Wassertraining - Fühlen und Tasten

Basisübungen zur taktilen Sensorik und Tiefensensibilität

Material:

- Seefahrtsbücher, Stifte zum Ankreuzen
- **ein** Erfolgsprotokoll für den Kursleiter (ausreichend bei sechs Teilnehmern, ansonsten der Teilnehmerzahl entsprechend mehr Exemplare)
- eine Schüssel mit Wasser, Handtuch
- Tuch zum Verbinden der Augen
- handliche, wasserfeste Gegenstände zum Ertasten (unterschiedliche Oberfläche und Form)
- Trinkbecher oder Gläser für jedes Kind
- drei oder vier verschiedene Sorten Wasser (z. B. sprudelndes Mineralwasser, stilles Mineralwasser, Wasser mit etwas Salz, Zitronenwasser, Sirup-Wasser …)
- eine Gurke und ein Obstmesser
- **eine** Vorlage mit Zeichen (Kopiervorlage **2-1** oder Buch nutzen) für die Übung: „Der malende Fisch"
- Decken oder Matten oder Tische und Stühle

- *evtl. Informationen für die Eltern (Kopiervorlage im Anhang)*
- *evtl. Fotoapparat*

Für die zusätzlichen Übungen:

- *Pappunterlagen in A 4 mit aufgeklebten Formen aus Pappe oder einem anderen Material (z. B. Sandpapier oder Moosgummi)*
- *Paare von handlichen, wasserfesten Gegenständen zum Ertasten (teils gleiche, teils ähnliche Gegenstände, z. B. zwei Kugeln, eine Kugel – ein Ei …)*

Zusammenfassung Z

Nach einer interessanten Einführung werden Tastspiele und Spiele zum Körperempfinden durchgeführt.

Wissensvermittlung W

Die Kinder lernen verschiedene Wasserarten kennen und kosten sie (stilles Wasser, sprudelndes Mineralwasser, Salzwasser …). Sie erfahren, dass Wasser auch oft dort ist, wo man es nicht sieht und warum Wasser für alle Lebewesen lebensnotwendig ist.

Vorschlag für die Vorgehensweise

Die Reihenfolge der Spiele erfolgt nach individuellen Überlegungen, wobei die Basisübungen auf jeden Fall miteinbezogen werden sollten.

Einleitung und Wissensvermittlung W

„Heute werden wir viel spielen. Es geht um das Fühlen und Tasten. Manche Spiele haben natürlich auch etwas mit Wasser zu tun. Ihr seht hier verschiedene gefüllte Flaschen. Gleich dürft ihr von jeder Flasche einen kleinen Schluck kosten. Zum Schluss verratet ihr mir, was in allen Flaschen drin ist, auch wenn es immer ein bisschen anders schmeckt."

→ (Die Kinder kosten, raten, wie der Inhalt heißt und überlegen dann, was in allen Flaschen enthalten ist.)
„Ja, es ist Wasser - Wasser in allen möglichen Geschmacksrichtungen, mal mit und mal ohne Sprudel."

→ (Gurke zeigen)
„Glaubt ihr, dass diese Gurke auch Wasser enthält? Ja, sie besteht aus viel Wasser. Wir werden sie jetzt kosten, dann merkt ihr, wie saftig sie ist. Wo denkt ihr, ist noch Wasser versteckt, das man nicht sieht?"

→ (Ideen sammeln, evtl. helfen, z. B. Melone, Tomate, Brause, Saft …)
„Könnt ihr euch vorstellen, dass sogar wir zum großen Teil aus Wasser bestehen? Unser Blut enthält zum Beispiel viel Wasser, darum kann es durch unseren Körper fließen und alle Organe mit Sauerstoff und Nährstoffen versorgen. Damit das immer gut gelingt, müssen wir viel trinken. Was passiert wohl, wenn wir zu wenig oder gar nichts trinken?"

→ (Ideen sammeln)
„Ja, wir würden krank werden oder sogar sterben. Habt ihr schon mal Pflanzen gesehen, die kein Wasser mehr zu trinken bekamen? Was passierte mit ihnen? … Lebewesen, egal ob Blumen, Bäume, Tiere oder Menschen brauchen Wasser zum Leben.
Schaut einmal heute zu Hause nach, ob eure Blumen alle genug zu trinken haben. Und nun wollen wir mit dem ersten Spiel beginnen."

Basisübungen

1. Gesehenes unter Wasser ertasten

„Beim Tauchen ist oft die Sicht nicht so gut und man hört auch alles dumpfer und leiser. Darum ist es besonders wichtig, sich unter Wasser gut durch Abtasten zurechtfinden zu können. Deshalb geht es nun um Tasten unter Wasser." Der Kursleiter zeigt den Kindern verschiedene wasserfeste Gegenstände. Dann werden einem Kind die Augen verbunden. In die Wasserschüssel wird nun einer der eben gezeigten Gegenstände hineingelegt, welches das Kind unter Wasser ertasten und erraten soll. Wenn möglich sollte jedes Kind mindestens zweimal an der Reihe sein.

Beobachtungshinweise

Erkennt das Kind durch Abtasten den vorher gezeigten Gegenstand wieder? Gelingt es ihm, Material und Form richtig zu bestimmen? Sind dem Kind bestimmte Oberflächenstrukturen sehr unangenehm (taktile Abwehr)?

2. Der Finger-Daumen-Test

„Seeleute und Taucher müssen mit ihren Fingern sehr geschickt sein. Wir wollen mal sehen, wie geschickt eure Finger schon sind. Jeder Finger soll dem Daumen einmal ‚Guten Tag' sagen."

Alle Kinder schauen zum Kursleiter. Dieser legt abwechselnd jeden Finger der rechten Hand nacheinander an den Daumen (Zeigefinger-Daumen, Mittelfinger-Daumen, Ringfinger-Daumen, kleiner Finger-Daumen und wieder zurück). Nun sind die Kinder an der Reihe, erst mit der rechten und dann mit der linken Hand.

Beobachtungshinweise
Mehrfaches Üben mit beiden Händen ist erlaubt, dann sollte die Aufgabe relativ flüssig und ohne starkes Mitbewegen der anderen Finger gelingen.

3. Der Finger-Nase-Test

Erst mit geöffneten, dann mit geschlossenen Augen versuchen die Kinder dreimal hintereinander, mit ihrem rechten Zeigefinger genau die Nasenspitze zu treffen. Dann benutzen sie den Zeigefinger der linken Hand.

Beobachtungshinweise
Die Kinder sollten ihre Nasenspitze treffen können. Variation: Wer trifft mit dem rechten (linken) Zeigefinger das rechte (linke) Ohr?

4. Der malende Fisch

Je zwei Kinder bilden ein Paar. Ein Kind sitzt am Tisch – das andere steht hinter ihm. Alternativ kann auch je ein Kind bäuchlings auf einer Decke o. Ä. liegen und das andere Kind neben ihm sitzen. Der Kursleiter zeigt allen Kindern die verschiedenen Zeichen (Kopiervorlage **2-1**) und bespricht mit ihnen die Bezeichnung (Kreuz, Kreis, Dreieck …).

„Gleich kommt ein kleiner Fisch und malt auf euren Rücken eins von den Zeichen, die ihr hier seht. Die sitzenden Kinder legen nun ihren Kopf auf den Tisch und schließen die Augen." Für die stehenden Kinder tippt der Kursleiter auf eins der Zeichen. Dieses soll nun mit dem Finger auf dem Rücken des Partners gemalt und leise erraten werden. Zwei weitere Zeichen folgen, dann wechseln die Kinder die Rollen.

Beobachtungshinweise
Von drei Versuchen sollten mindestens zwei gelingen.

5. Abschließendes Rückenspiel: Der kleine Wal

Die Kinder bilden Paare. Von jedem Paar legt sich ein Kind mit geschlossenen Augen auf den Bauch. Wenn keine Matten zur Verfügung stehen, kann das Kind Kopf und Oberkörper auf den Tisch legen. Das andere Kind legt beide Hände flach auf den (wenn möglich nackten) Rücken des Spielpartners und schaut zum Kursleiter, der gleich eine kleine Geschichte erzählt und dabei die Handbewegungen demonstriert. Die Kinder werden instruiert, dass immer mindestens eine Hand auf dem Rücken liegen soll und dass die Bewegungen auf dem Rücken nicht zu derb, aber auch nicht zu schwach sein dürfen.

Geschichte: Der kleine Wal

„Der kleine Wal war gerade eingenickt. Er lag ruhig im warmen Wasser, als ihn plötzlich etwas Zartes kitzelte. Er war sofort munter, jedoch - bevor er sah, was es war - spürte er ein leichtes Zwicken hier und da und überall. Kleine Fische waren es, die ihn begrüßten. Nun rollte eine weiche, warme Welle über seinen Rücken und noch eine weiche Welle kam über ihn gespült. Dann war das warme Wasser wieder still und floss langsam über den Rücken des kleinen Wales …" Danach tauschen die Kinder die Rollen.

Beobachtungshinweise
Fühlt sich ein Kind sehr unwohl unter den Berührungen?
Ist es in der Lage, sich zu entspannen oder steigert es sich in eine Unruhe hinein?

Ankreuzen der durchgeführten Übungen in den Seefahrtsbüchern

Zusätzliche Übungen

6. Vergleichen unter Wasser: Gleich oder anders?
Für dieses Spiel werden Paare von Gegenständen zum Ertasten benötigt, die zum Teil doppelt vorhanden sind (z. B. zwei Löffel), oder sich ähnlich anfühlen (z. B. zwei unterschiedliche Holzbausteine, eine Kugel, ein Ei ...). In die mit Wasser gefüllte Schüssel wird jeweils ein Paar Gegenstände hineingelegt. Ein Kind, dem nun die Augen verbunden werden, legt beide Hände in die Schüssel und vergleicht die beiden Gegenstände durch Abtasten. Nun gibt es seine Meinung bekannt, ob die Gegenstände gleich oder nur ähnlich sind.

Beobachtungshinweise
Gelingt dies dem Kind, gilt die Aufgabe als gelöst. Hat es dagegen einen Fehler begangen, darf es weitere Versuche starten.
Variation: In die Schüssel werden mehrere Gegenstandspaare hineingelegt und die Kinder versuchen nacheinander, die Paare herauszufischen, die zusammengehören.
Zeigt das Kind eine taktile Abwehr bestimmten Oberflächenstrukturen gegenüber?

7. Der kitzelnde Delphin
„Delphine sind kluge und liebe Wassertiere. Sie sind sehr verspielt. Ich stelle euch jetzt ein neues Spiel vor: Der kitzelnde Delphin." Die Kinder bilden Paare. Je ein Kind streckt die Arme bequem auf dem Tisch aus (Handrücken oben) und schließt die Augen. Das andere Kind - „Der Delphin" - berührt den Partner mit der Fingerspitze an verschiedenen Stellen des Unterarmes und der Handfläche. Der Druck soll kurz und relativ leicht sein. Gegebenenfalls kann der Kursleiter den Delphinen die Druckstärke der Berührung vorführen. Das berührte Kind zeigt auf die entsprechende Stelle. Es folgen drei Wiederholungen, bevor die Rollen getauscht werden.

Beobachtungshinweise
Die Aufgabe gilt als gelöst, wenn das Kind die richtige Stelle auch mit Abweichungen von ca. 1 - 2 cm lokalisieren konnte. War das nicht möglich, sollte die Übung vom Erwachsenen mehrmals wiederholt werden.
Variation: Die Berührungen werden nun an anderen Körperstellen ausgeführt und zum Schluss an zwei Stellen gleichzeitig (selbstverständlich nur an Stellen, die dem Kind nicht unangenehm sind).

8. Formen auf Pappunterlagen ertasten
Die Kinder finden sich zu Paaren zusammen. Einem Kind von jedem Paar werden die Augen verbunden und ein anderes wählt auf der Pappunterlage eine aufgeklebte Form aus und legt die Hand des Partners darauf. Das Kind mit den verbundenen Augen soll nun durch Abtasten herausfinden, um welche Form es sich handelt, dann wird gewechselt.

Beobachtungshinweise
Gelingt es dem Kind, die Form zu erkennen? Bei Schwierigkeiten sollte das Tuch abgenommen werden und das Kind kann sich die einzelnen Formen ansehen, bevor es einen erneuten Tastversuch mit geschlossenen Augen startet. Spätestens jetzt sollte es gelingen.

2

Erfolgsprotokoll für die Aufgaben der taktilen Sensorik und Tiefensensibilität

Datum ______________________

Unter den jeweiligen Namen eintragen:
+ gut (keine Auffälligkeiten)
++ sehr gut
? Beobachtung unklar
- Aufgabe konnte nicht gelöst werden, weitere Beobachtungen nötig

Basis-übungen	Spiel oder Übung	Name	Name	Name	Name	Name	Name	Getesteter Bereich
1.	Gesehenes unter Wasser ertasten							taktile Differenzierung (taktile Wahrnehmung, taktile Abwehr)
2.	Der Finger-Daumen-Test							Fingerdifferenzierung (Tiefensensibilität)
3.	Der Finger-Nase-Test							Koordinations-vermögen (Tiefensensibilität)
4.	Der malende Fisch							taktile Wahrnehmung (intermodale Verknüpfung, taktil-visuell)
5.	Rückenspiel Der kleine Wal							taktile Wahrnehmung (taktile Abwehr)
Zusätzliche Übungen								
6.	Unter Wasser: Gleich oder anders?							taktile Differenzierung (taktile Wahrnehmung)
7.	Der kitzelnde Delphin							Berührungsempfinden, Körper-wahrnehmung (Lokalisierung von Berührungsreizen)
8.	Formen auf Pappe ertasten							taktile Formdifferenzierung (taktile Wahrnehmung, taktile Abwehr)

Beobachtungen

____

____

____

____

Beispiele für Fördermaßnahmen im Bereich der taktilen Sensorik und Tiefensensibilität

Auffälligkeiten im Bereich der taktilen Sensorik und Tiefensensibilität sollten ernst genommen und von einem Fachmann abgeklärt werden. Eine Störung in der Tiefensensibilität kann sich z. B. darin äußern, dass das Kind Probleme mit der Kraftdosierung hat, oft derb und tollpatschig wirkt, andere Kinder anrempelt, gern gegen Hindernisse rennt, oft und plump springt. Es hat Schwierigkeiten „sich selbst zu spüren", wenn es die Reize nicht verstärkt. Die Umwelt steht dem meist verständnislos gegenüber. Diese Wahrnehmungsstörungen wirken sich daher oft im sozialen Bereich negativ aus.

Die Eltern sollten sich schon aus diesem Grund nicht scheuen, ihr Kind dem Kinderarzt vorzustellen, der dann entsprechende Maßnahmen vorschlagen wird (z. B. Physiotherapie, Rotationstherapie, Ergotherapie mit Schwerpunkt Sensorische Integration ...).

Fördermöglichkeiten für Eltern und Erzieher:

- Rückenspiele
- Hautzeichnungen
- „Blinde Kuh" von Ravensburger
- Tastspiele
- Alle Spiele und Übungen, die mit Schieben, Ziehen und Drücken zu tun haben:
  - Tauziehen
  - Kind hinlegen lassen und es dann nach und nach mit kleinen Körner- oder Sandsäckchen zudecken (es soll die auf ihm lastende Schwere spüren)

- Kind mit einem Sitz-Sack bedecken und dann evtl. selbst noch zusätzlichen Druck ausüben
- Zwei Kinder in einem Kreidekreis mit dem Rücken aneinander stellen: Wer schiebt wen aus dem Kreis?
- Zwei Kinder in einem Kreidekreis stehen sich gegenüber und drücken die Handflächen gegeneinander: Wer schiebt wen aus dem Kreis?
- Kinder hantieren mit Medizinbällen, Matten, Sitz-Säcken usw. und bauen sich damit eine Höhle oder ein Labyrinth
- Zwei Kinder stehen in einem Kreidekreis auf einem Bein und versuchen sich - ohne Benutzung der Hände - gegenseitig aus dem Kreis zu schieben.

Weitere Spiele:

Der Tastkarton

- In einem Schuhkarton wird seitlich ein Loch hineingeschnitten. Der Karton wird mit verschiedenen kleinen Gegenständen gefüllt, z. B. mit leeren Überraschungseiern, kleinen Bällen und Bausteinen.
- Das Kind erhält die Aufgabe, die Hand in den Karton zu stecken und **nur die Überraschungseierdosen** herauszuangeln.
- Variation: Das Kind steckt die Hand hinein und entscheidet sich für irgendeinen der Gegenstände, befühlt ihn, benennt ihn …

Kirschkernkasten (oder Bohnenkasten)

- in den Deckel eines Schuhkartons oder anderen Pappkastens zwei Löcher schneiden, in die Kinderhände passen
- Karton mit Kirschkernen, Bohnen oder Erbsen füllen
- kleine Gegenstände darin verstecken
- Kind kann beide Hände hineintauchen und nach Gegenständen tasten, ohne dass die Kerne oder Bohnen im Raum herumfliegen

Zwei Fühlschlangen
Dieses Beispiel zeigt, wie die einzelnen Förderbereiche optimal ineinandergreifen
Material:

- 2 x ca. ein Meter Schlauchbinde, durch Verknotungen unterteilt
- jedes Segment vorher gefüllt mit unterschiedlichen Materialien (z. B. Reiskörner, Schaumgummi, Erbsen, Watte …)
- in beiden Schlangen sind die gleichen Materialien zu finden, aber an unterschiedlichen Stellen

Spielmöglichkeiten:

1. **Kind betastet mit verbundenen Augen eine Schlange und beschreibt,** was es spürt (z. B. weich, körnig …)
   Förderbereiche: Sprache, taktile Abwehr …

2. Kind nimmt Augenbinde ab und **betrachtet die ertasteten Segmente, beschreibt,** was es sieht und fühlt. Es erfährt die Namen der Materialien, die es noch nicht kennt. Förderbereiche: Wissensvermittlung, bessere Informationsspeicherung durch Aufnahme über mehrere Sinne …

3. Das Kind **sucht sich mit verbundenen Augen ein Segment der Schlange aus** und **versucht sich zu erinnern,** um welches Material es sich handeln könnte. Förderbereiche: taktiles Gedächtnis, auditives Gedächtnis …

4. Das Kind entscheidet sich für ein Segment und **versucht bei der zweiten Schlange** durch Ertasten genau das **gleiche Material herauszufinden.** Förderbereiche: taktile Differenzierung, Ausdauer, Aufmerksamkeit, Konzentration, Handlungsplanung …

- Das Kind **zählt zuerst die Schlangensegmente** einer Schlange, dann die der anderen und vergleicht die Anzahl. Welche Schlange hat mehr Teile …?
  Das Kind zeigt das zweite Teil, das fünfte Teil, das letzte Teil …
  Förderbereiche: Mengen (grober Vergleich, Ordnungszahlen …)

- Das Kind darf die Schlangen **vor den Korb,** hinter den Korb, in den Korb … hinlegen: z. B. „Diese Schlange soll rechts neben dem Korb liegen." … Das Kind darf nun selbst Plätze für die Schlangen aussuchen und sagt, wo sie sich befinden.
  Förderbereiche: Sprache (passiver Wortschatz, aktiver Wortschatz, Lagebezeichnungen), Erkennen räumlicher Beziehungen …

- **Wissensvermittlung:** „Schlangen sind Reptilien, sie legen Eier und häuten sich …"
  Förderbereiche: Wortschatz, Wissensvermittlung …

- **Rollenspiel:**
  Förderbereiche: Sprache, soziale Kompetenzen, Phantasie …

- **Schlangenturnen:** „Die Schlangen machen es vor und wir machen die Übungen nach" (z. B. Schlängeln, durch Hindernisse kriechen, Slalomlauf …)
  Förderbereiche: Grobmotorik, Körperkontrolle …

- **Spiele zur Körpererfahrung:**
  z. B. „Die Schlange kriecht über den Arm, um den Hals …"

3. Ich sehe was, was du nicht siehst

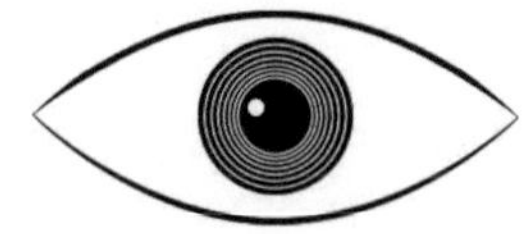

(Übungen zur visuellen Wahrnehmung)

Material

- Seefahrtsbücher
- **ein** Erfolgsprotokoll für den Kursleiter (ausreichend bei sechs Teilnehmern, ansonsten der Teilnehmerzahl entsprechend mehr Exemplare)
- Abbildungen geometrischer Formen (siehe Buchvorlage im Anhang)
- ein Extratisch (oder eine Wachstuchdecke) mit ausgeschüttetem Salz
- farbige Illustrationen in diesem Buch: Seepferdchen, Seestern, Fisch
- **für jedes Kind** die Arbeitsblätter zur visuellen Wahrnehmung (siehe Kopiervorlagen **3-1** bis **3-3**)
- es empfiehlt sich, die Arbeitsblätter für jedes Kind zusammenzuheften.
- Buntstifte
- für jedes Kind Arbeitsblatt Fisch (siehe Kopiervorlage **3-4**) oder Gummibärchen und einen Fingerhut (aus dem Nähkasten)
- Farbwürfel und evtl. Punktewürfel

- *evtl. Fotoapparat*
- *evtl. Informationen für die Eltern (Kopiervorlage im Anhang)*

- ***Für die zusätzlichen Übungen:***
- *Vorlage Trinkhalmbilder 3-5 (ein Exemplar)*
- *Trinkhalme, zerschnitten – für jedes Kind vier Teile oder Zahnstocher*
- *für jedes Kind eine Kopie (3-6) Bild aus Quadraten*

Z **Zusammenfassung**

Die Kinder sammeln Sinneserfahrungen über die Formen Kreis, Oval, Quadrat und Rechteck, indem sie die Formen in Salz zeichnen. Verschiedene Bereiche der visuellen Wahrnehmung können danach überprüft und gefördert werden, bevor die Kinder die durchgeführten Spielübungen in ihren Seefahrtsbüchern ankreuzen.

W **Wissensvermittlung**

Unter Wasser gibt es viel zu sehen. Die Kinder erfahren Wissenswertes über Fische, Seepferdchen und Seesterne.

Hinweise zu den Einzelaufgaben

In dieser Trainingseinheit wird den Kindern sehr viel konzentriertes Arbeiten abverlangt. Gerade bei ohnehin schon unruhigen Kindern sollten kleine Auflockerungen in Form von Bewegungsspielen eingeplant werden. Auch ist es möglich, einige Übungen auf einen späteren Zeitpunkt zu verschieben zugunsten von Bewegungselementen.

Vorgehensweise / Vorbereitung

Sinnesübung als Vorbereitung für die kommenden Übungen

An einem Extratisch, um den sich die Kinder zu Beginn versammeln (oder alternativ dazu um eine Wachstuchdecke auf der Erde) dürfen sie der Reihe nach einen Kreis und ein Oval nach Vorlage (siehe Buch) in ausgeschüttetes Salz zeichnen. In einem zweiten Durchgang versuchen sie ein Quadrat und ein Rechteck nachzuzeichnen. Anschließend begeben sich die Kinder zu ihrem Arbeitsplatz und erhalten das Arbeitsblatt **3-1**.

3

Basisübungen

1. Unser Schiff

„Auf dem Blatt seht ihr ein Schiff. Schaut es genau an, besonders die Fenster, also die Bullaugen: Manche sind rund wie ein Kreis (Abbildung des Kreises zeigen), andere sehen anders aus, z. B. wie ein Ei (Abbildung des Ovals zeigen)." Der Kursleiter zeigt zur Demonstration die Abbildungen (im Buch) von einem Kreis und von einem Oval.

„Zeichnet nun die **Umrisse der Fenster nach, die aussehen wie ein Kreis** - aber nur diese." Die Kinder bearbeiten die Aufgabe. „Seht ihr auch die vielen Fähnchen und Segel? Manche haben die Form eines Quadrates (Abbildung des **Quadrates zeigen**), andere sehen aus wie ein Rechteck" (Abbildung des **Rechteckes zeigen**). „Zeichnet nun die **Umrisse der Segel und Fähnchen nach, die wie ein Quadrat aussehen**, aber auch wieder nur diese."

> ***Beobachtungshinweise***
> Die Kinder sollten die einzelnen Formen trotz unterschiedlicher Hintergründe oder Verzierungen erkennen können. Hat ein Kind hierbei Probleme, muss abgeklärt werden, ob das Kind nur (z. B. aufgrund mangelnder Aufmerksamkeit) die Aufgabe nicht verstanden hat oder ob auch bei einer ähnlichen Übung die gleichen Schwierigkeiten auftreten. Wenn das Kind die Mehrzahl der genannten Formen erkennen kann, gilt die Aufgabe als gelöst.

2. Formensalat

Arbeitsblatt **3-1** unten:
„Unter dem Schiff seht ihr wieder die Formen Kreis, Oval, Quadrat und Rechteck. Die Formen sind alle irgendwie ineinandergerutscht. Könnt ihr sie trotzdem erkennen? Nehmt einen Stift und **umreißt nur die Umrisse der Kreise**. Zeichnet also nur den Rand der Kreise nach.

> ***Beobachtungshinweise***
> Diese Übung prüft die Figur-Grund-Wahrnehmung.

3. Schiffsrouten einzeichnen

Die Kinder zeichnen auf dem Arbeitsblatt **3-2** mit einem Stift drei Routen ein (zwischen dem Boot und der Insel). Das **oberste Bild dient als Demonstration**. Die beiden Routen darunter zeichnen die Kinder ohne Hilfe ein. Es geht darum, die Begrenzungslinien nicht zu berühren. „Ihr seht drei Schiffe. Sie wollen zu einer Insel. Zeichnet die Route des obersten Schiffes mit einem Stift - ohne ihn abzuheben - nach. Berührt nicht die Abgrenzung, sonst laufen die Schiffe auf Grund."

> ***Beobachtungshinweise***
> Die Aufgabe gilt als gelöst, wenn das Kind ohne Abheben des Stiftes innerhalb der Linien bleibt oder sie berührt, ohne sie mit dem Stift zu übertreten.

4. Fehlerbilder

Jedes Kind erhält das Arbeitsblatt **3-3**.
„In jeder Reihe hat sich ein Fehler eingeschlichen. Das heißt: **In jeder Reihe gibt es ein Bild, das anders aussieht**. Seht euch die oberste Reihe an. Welches Bild sieht anders aus? Warum? Könnt ihr in den anderen Reihen auch die Fehlerbilder finden? Dann streicht sie durch."

3

Beobachtungshinweise
Geht das Kind systematisch vor? Hat es die Aufgabe verstanden? Die Übung gilt als gelöst, wenn die Bilder gefunden werden, die sich von den übrigen Abbildungen unterscheiden.
Um bei einem Nichtlösen der Aufgabe ein Problem der visuellen Wahrnehmung auszuschließen, sollte das Kind später weitere Möglichkeiten erhalten, ähnliche Aufgaben zu lösen, ehe man zu einer Einschätzung gelangt.

W **Wissensvermittlung**
„Drei Wasserbewohner möchte ich euch nun vorstellen **(Illustration vom Fisch zeigen)**.
Fische sind euch natürlich allen bekannt, aber wer kennt auch die anderen beiden Tiere?
(Zuerst **Seepferdchenillustration** zeigen). Seepferdchen sind nur sehr klein. Sie sehen ein bisschen wie ein Pferd aus, sind aber in Wirklichkeit Fische. Sie leben in warmen Meeren.
Das Besondere an ihnen ist, dass das Männchen die Eier in einer Tasche solange mit sich herumträgt, bis die Jungen ausgewachsen sind. Habt ihr diesen Meeresbewohner schon einmal gesehen? **(Illustration vom Seestern** zeigen). Ein Seestern hat es gut: Wenn er einen Arm verliert, wächst dieser nach. Selbst aus einem einzelnen Arm kann ein ganzer Seestern nachwachsen."

5. Abschließendes Spiel: Farbspiel – Fisch
Bei diesem Spiel geht es nicht um Kreativität bei der bildnerischen Gestaltung des Fisches, sondern um das richtige Erkennen und Benennen der Farben bzw. um Gedächtnisleistungen, Regelverständnis und soziale Kompetenzen.

Material
- Arbeitsblatt Fisch (siehe Kopiervorlage **3-4**)
- Buntstifte
- Farbwürfel (evtl. auch normaler Punktewürfel)

Vorgehensweise
- **Einfache Variante:** Jedes Kind würfelt der Reihe nach mit dem Farbwürfel und malt eine Schuppe seines Fisches in der gewürfelten Farbe aus.

- **Variante 2:** Jedes Kind wählt eine Farbe des Farbwürfels und darf immer nur dann eine Schuppe ausmalen, wenn es auch die gewählte Farbe gewürfelt hat.
- Sieger ist, wer zuerst seinen Fisch ausgemalt hat.

- **Variante 3**: Sechs Farben werden im Vorfeld des Spiels einer Augenanzahl zugeordnet (z. B. 1 – gelb; 2 – rot; 3 – grün; 4 – blau; 5 – orange; 6 – braun). Der Punktewürfel wird benutzt und die Kinder müssen sich merken, welche Farbe sie bei der gewürfelten Augenzahl ausmalen dürfen. Haben sie falsch geraten, müssen sie eine Runde aussetzen. Gewinner ist wiederum, wer als erster seinen Fisch ausmalen konnte.
- **Variante 4**: Wie Variante 3, nur statt auszusetzen, muss das Kind ein Pfand abgeben.

Alternativspiel: Gummibärchen verstecken

Jedes Kind erhält fünf verschiedenfarbige Gummibärchen oder andere kleine bunte Süßigkeiten. Diese legen die Kinder vor sich auf die Tischplatte in eine Reihe. Der Erwachsene vergewissert sich, dass die Kinder die Farben richtig zuordnen können, indem er bei jedem Kind auf eine Süßigkeit zeigt und fragt, um welche Farbe es sich handelt. Ein Kind wird gebeten, die Augen zu schließen oder sich umzudrehen, sodass es nichts sehen kann. Der Kursleiter legt nun den Fingerhut über ein Gummibärchen und fragt das Kind, welche Farbe das Gummibärchen hat, das nun fehlt. Anschließend darf genascht werden.

Beobachtungshinweise

Das Kind sollte zumindest die Farben rot, gelb, grün und blau sowie schwarz und weiß voneinander unterscheiden und benennen können. Kann es sich erinnern, welche Farbe das fehlende Gummibärchen hatte?

Ankreuzen der durchgeführten Übungen in den Seefahrtsbüchern

Zusätzliche Übungen

6. Trinkhalmbilder nach Vorlage nachbauen

Der Kursleiter nimmt die Trinkhalme und zeigt sie den Kindern. „Man kann mit diesen Trinkhalmen etwas trinken oder aber eine schwierige Aufgabe lösen. Ich werde euch jetzt ein Trinkhalmbild zeigen." Der Kursleiter legt aus den Trinkhalmen ein Bildsymbol entsprechend der Vorlage **3-5 oben.**

„Schaut euch dieses Bild gut an und baut es mit euren Trinkhalmen nach." Jedes Kind erhält vier ebenfalls gekürzte Halme und bemüht sich, das Bild exakt nachzubauen. Danach zeigt der Kursleiter erst das zweite, dann das dritte Bild und bittet die Kinder, es nachzubauen.

Beobachtungshinweise

Gelingt das dem Kind? Mindestens zwei von drei Versuchen sollten erfolgreich sein.

Variation

Statt der Trinkhalme können die Kinder Zahnstocher oder Holzstäbchen verwenden.

7. Trinkhalmbilder legen aus dem Gedächtnis

Auch hier zeigt der Kursleiter entsprechend der Vorlage **3-5 (unten)** ein Bildsymbol. „Schaut euch dieses Bild genau an." Nach zehn Sekunden wird das Bild umgedreht. „Legt nun das Bild mit den Stäbchen nach, erinnert euch, so gut es geht." Weiter geht es mit dem nächsten Bildsymbol usw.

Beobachtungshinweise

Hat das Kind die wesentlichen Merkmale der Bildsymbole wiedergegeben?

3

8. Ein Bild aus Quadraten

Die Kinder erhalten das Arbeitsblatt **3-6**.

„Ihr seht links oben ein Bild aus Quadraten, manche sind leer, andere sind ausgemalt. Auf der rechten Seite sind noch alle Quadrate leer. Das soll sich nun ändern. Malt dort die richtigen Quadrate aus, sodass das Bild genauso aussieht wie das linke." Auch mit den zwei anderen „Quadratbildern" wird so verfahren.

Beobachtungshinweise

Geprüft wird die Raum-Lage-Beziehung. Es stehen den Kindern drei Bilder zur Verfügung, um so durch Übung besser zu werden. Die Aufgabe ist nicht ganz einfach und erfordert sehr viel Konzentration. Daher ist eine leichte Hilfestellung erlaubt. Fehler, die das Kind selbständig erkennt und korrigiert, werden nicht berücksichtigt.

Erfolgsprotokoll für die Aufgaben der visuellen Wahrnehmung

Datum ______________________________

Unter den jeweiligen Namen eintragen:

\+ gut (keine Auffälligkeiten)
++ sehr gut
? Beobachtung unklar
\- Aufgabe konnte nicht gelöst werden, weitere Beobachtungen nötig

Basis-übungen	Spiel oder Übung	Name	Name	Name	Name	Name	Name	Getesteter Bereich
1.	Unser Schiff							Beachtung der Formkonstanz
2.	Formensalat							Figur-Grund-Wahrnehmung
3.	Schiffsrouten einzeichnen							visuo-motorische Koordination
4.	Fehlerbilder							visuelle Differenzierung, (Erkennen der Raumlage)
5.	Farbspiel: Fisch oder Gummibärchen verstecken							visuelle Differenzierung, visuelles Gedächtnis
Zusatz-übungen								
6.	Trinkhalmbilder nach Vorlage nachbauen							Erkennen räumlicher Beziehungen, Gestalt-Form-Auffassung
7.	Trinkhalmbilder legen aus dem Gedächtnis							visuelles Gedächtnis, Gestalt-Form-Auffassung
8.	Ein Bild aus Quadraten							Erkennen räumlicher Beziehungen

Beobachtungen ______________________________

3

Beispiele für Fördermaßnahmen im Bereich der visuellen Wahrnehmung

Auffälligkeiten im Bereich der visuellen Wahrnehmung führen spätestens in der Schule beim Lesen und Schreiben zu Problemen, denn wenn ein Kind beispielsweise die Lage der Buchstaben nicht differenzieren kann, verwechselt es möglicherweise d und b, p und d, n und u, W und M.

Förderangebote im Bereich der visuellen Wahrnehmung findet man in jedem Vorschulheft und auch in vielen Zeitungen auf der Kinderseite.

Einige Kinder ermüden schnell, wenn ihnen lediglich Arbeitsblätter zum selbstständigen Abarbeiten vorgelegt werden. Kinder benötigen individuelle Zuwendung. Gemeinsam Fehler suchen, Unterschiede entdecken usw. macht mehr Spaß und garantiert den Kindern Erfolgserlebnisse.

Geeignet sind auch Spiele wie „Differix" oder „Schau genau". Die Selbstkontrolle mit Hilfe der beigefügten Kontrollfolien gefällt den meisten Kindern sehr.

Bei allem Üben gilt jedoch: „Weniger ist manchmal mehr!"

Ein paar Minuten gemeinsames Rätseln und spielerisches Üben bringen langfristig viel mehr als verschultes Trimmen auf die Schule. Das kann auch zusätzlich zur Gutenachtgeschichte kuschelnd im Bett stattfinden.

Auch das schon fast sprichwörtliche „Begreifen kommt von Greifen" sollte als Leitlinie gelten.

Ein Kind kann – bevor es mit den Augen eine Linie nachzufahren beginnt – Gelegenheiten nutzen, um Gesehenes gleichzeitig zu fühlen. Kurze und lange Linien können beispielsweise aus feinem Sandpapier ausgeschnitten, aufgeklebt und abgetastet werden. Groß, klein, dick, dünn, kurz, lang, rund, eckig usw. können die Kinder fühlen und dann verstehen. Darauf kann man aufbauen: Zahlen, später vielleicht auch Buchstaben ertasten, mit verbundenen Augen erraten, wiedererkennen, den „Zwilling" suchen usw. - der Phantasie sind keine Grenzen gesetzt.

Später kann das Kind dann auf diese Sinneserfahrungen zurückgreifen.

Wenn trotz intensiver Spiel- und Übungsphasen die Auffälligkeiten weiterhin zu beobachten sind, sollte auf jeden Fall der Kinderarzt konsultiert werden, der dann gegebenenfalls weitere Schritte empfiehlt (Augenarzt, Ergotherapie, …).

4. Hörspiele

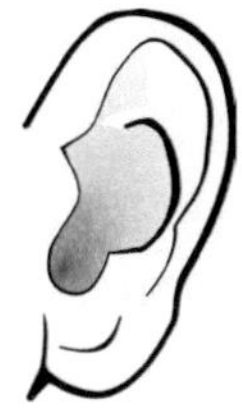

(Übungen zur auditiven Wahrnehmung)

Material

- Seefahrtsbücher
- ein Erfolgsprotokoll für den Kursleiter (ausreichend bei sechs Teilnehmern, ansonsten der Teilnehmerzahl entsprechend mehr Exemplare)
- Tuch zum Verbinden der Augen
- größere Schüssel oder Wanne mit Wasser
- kleine Plastikschüssel
- zwei oder drei verschieden lange Gummis
- ein Stück Pappe (Streifen)
- Glöckchen
- vier Orff-Instrumente oder vier Gegenstände, die Geräusche erzeugen (z. B. raschelndes Papier, Alufolie, Rassel)
- Decke oder Matte

- *evtl. Informationen für die Eltern (Kopiervorlage im Anhang)*
- *evtl. Fotoapparat*

Zusammenfassung Z

Auch unter Wasser kann man hören, nur anders. In dieser Trainingseinheit geht es um Spielübungen zur Hörerziehung, die wieder individuell unter Einbeziehung der Basisübungen zusammengestellt werden können.

Wissensvermittlung W

Töne sind Schallwellen, die sich in der Luft anders verbreiten können als im Wasser. In zwei kleinen Experimenten können die Kinder das testen.

Vorschlag zur Vorgehensweise

Einleitung und Wissensvermittlung W

„Geräusche kann man nicht sehen. Sie sind Schallwellen - Schwingungen, die sich in der Luft ausbreiten. Dann erst hört man einen Ton. Je besser sich die Schallwellen ausbreiten können, desto lauter und klarer ist der Ton.

Gut gelingt das in der Luft, vor allem, wenn keine Hindernisse im Wege sind. Hindernisse können den Ton dämpfen."

(Den Kindern **eine kleine Schüssel zeigen**, über die zwei **unterschiedliche Gummis gespannt** sind – Kinder zupfen lassen.)

„Unter den Gummis ist Luft, deshalb klingen die Töne fast wie bei einer Gitarre. Wenn wir **unter die Gummis ein Stück Pappe** schieben, passiert Folgendes:" (Kinder zupfen lassen / Kinder dazu ermuntern, eine Erklärung zu finden). „Weil unter den Gummis kaum noch Luft ist, sondern die Pappe, können die Schallwellen sich nicht gut ausbreiten und die Töne sind kaum zu hören. Ich ziehe jetzt die **Pappe fort** und wir machen gleich ein anderes kleines Experiment. Wir legen die **kleine Schüssel mit den**

Gummis in das Wasser und zupfen dann an den Gummis. Was glaubt ihr, sind die Töne lauter oder leiser oder gar nicht zu hören?"

Experiment durchführen und von den Kindern eine Schlussfolgerung ziehen lassen.

Basisübungen

1. Hört ihr das Glöckchen?

Alle sitzen im Kreis. Ein Kind setzt sich in die Mitte und lässt sich die Augen verbinden. Der Kursleiter winkt mit dem Finger einem anderen Kind zu und gibt ihm ein Glöckchen. Dieses Kind geht nun leise außerhalb des Kreises herum und läutet einmal das Glöckchen. Sobald das Kind in der Mitte das Geräusch gehört hat, versucht es, in die entsprechende Richtung zu zeigen und ruft: „Halt!". Sollte es sich geirrt haben, darf es noch zwei weitere Male raten, bevor das nächste Kind an der Reihe ist.

Beobachtungshinweise

Gelingt es dem Kind, die Richtung korrekt zu bestimmen, aus der das Geräusch kam? War es auch beim zweiten Mal sehr unsicher oder gelang es mit Leichtigkeit?

2. Wo ist der Schatz?

„Gleich werdet ihr wieder das Glöckchen hören, aber dieses Mal wird es schwieriger sein, die richtige Richtung zu bestimmen, denn es werden auch andere Geräusche zu hören sein. Dort, wo aus Spaß der Schatz ist, ertönt nach einer Weile das Glöckchen." Einem Kind werden die Augen verbunden. Die anderen Kinder verteilen sich im Raum und machen Geräusche, wie man sie im oder unter Wasser vermuten würde (z. B. gluckern, Schiffshorn, plätschern in der Wasserschüssel ...).

Das Kind, das mit verbundenen Augen erraten soll, wo sich der Schatz befindet, muss in die vermutete Richtung zeigen und laut: „Dort ist der Schatz!" rufen. Nach einer Weile gibt der Kursleiter einem Kind ein Zeichen, an einer bestimmten Stelle das Glöckchen zu läuten.

Beobachtungshinweise

Zwei Versuche sind erlaubt. Wenn das Kind das Glöckchen heraushören kann, ist die Aufgabe gelöst.

3. Gleich oder anders?

„Seefahrer kommen in der ganzen Welt herum und hören viele Sprachen. Ich werde euch jetzt immer zwei fremde Wörter vorlesen und ihr sollt entscheiden, ob diese Wörter gleich oder anders klingen."

Die Kinder werden der Reihe nach befragt und sollten mindestens zweimal die Möglichkeit haben zu antworten. Bei einer großen Teilnehmerzahl können die Kinder alternativ gebeten werden, bei „gleich" die Hand zu heben und bei „anders" den Kopf zu schütteln.

- Bimba - Limba
- Zarok - Zarok
- Lifta - Liftu
- Zambora - Zambura

- Barina - Barina
- Raptak - Raptuk ...

Beobachtungshinweise
Die Aufgabe ist gelöst, wenn das Kind die Gleichheit oder Unterschiedlichkeit heraushören kann. Bei einem Kind, das sich möglicherweise an den Reaktionen der anderen Mitspieler orientiert, sollte die Übung in abgewandelter Form wiederholt werden.

Eine andere Möglichkeit wäre, das Kind zu bitten, sich mit dem Rücken zu den anderen Kindern zu setzen.

4. Instrumentenreihenfolge
Vier Orff-Instrumente werden angestimmt, benannt und verteilt. Statt der Instrumente können auch andere Geräuschquellen genutzt werden (z. B. Alufolie, Papier, Glöckchen, Rassel). Ein Kind dreht sich um oder lässt sich die Augen verbinden. Der Kursleiter zeigt nacheinander auf drei Kinder, die das Instrument klingen lassen bzw. ein anderes Geräusch erzeugen. Dann werden die Rollen neu verteilt.

Beobachtungshinweise
Kann das Kind die Reihenfolge der Geräusche richtig benennen? Ist es in der Lage, die Instrumente (Geräuschquellen) zu identifizieren - also zu benennen oder zu zeigen?

5. Der Kapitän ruft seine Mannschaft
„Der Kapitän möchte eine Besprechung mit seiner Mannschaft durchführen. Deshalb ruft er alle an. Helft ihm, sich die Nummern zu merken, indem ihr sie wiederholt." Die Kinder kommen nacheinander an die Reihe. Zuerst gilt es, sich drei Zahlen zu merken und richtig wiederzugeben (z. B. 4-2-8, 5-7-2 ...). Wer das nicht kann, erhält eine neue Chance, das Kind könnte schließlich nur nicht zugehört haben. Anschließend werden vier Zahlen in unterschiedlicher Reihenfolge vorgesprochen.

Beobachtungshinweise
Fünfjährige Kinder sollten auch vier Zahlen richtig wiedergeben können.

6. Abschließendes Spiel
Reaktionsspiel: „Achtung, der Hai kommt!"
Die Kinder tauchen, schwimmen und bewegen sich aus Spaß unter Wasser auf der Suche nach dem Schatz. Eine Decke, Matte oder Ähnliches soll der Ort sein, an dem sie sich vor Gefahren wie z. B. einem „Haiangriff" in Sicherheit bringen können. Sobald der Kursleiter schnell ruft: „Achtung, ein Hai kommt!", springen die Kinder auf ihre Rettungsinsel. Anschließend beginnt das Spiel von vorn.

Beobachtungshinweise
Das Spiel macht den Kindern riesigen Spaß, darum geht es hier auch hauptsächlich. Außerdem werden ein Teil der auditiven Aufmerksamkeit und die Körperkontrolle geprüft, indem man beobachtet, ob die Kinder schnell reagieren.

Ankreuzen der durchgeführten Übungen in den Seefahrtsbüchern

Zusätzliche Übungen

7. Schiffskonzert

„Das Schiffsorchester probt für ein Konzert. Diese Instrumente kommen zum Einsatz …"

(Orff-Instrumente nacheinander zeigen, benennen und anspielen). Dann dreht sich ein Kind um. Ein anderes wählt ein Instrument aus und lässt es erklingen. Das erste Kind darf nun alle Instrumente ausprobieren und soll erraten, auf welchem Instrument gespielt wurde.

Beobachtungshinweise

Gelingt es dem Kind, die Geräusche richtig zu identifizieren?

8. Geräusche-Kim

Den Kindern werden nacheinander vier unterschiedliche Geräusche vorgeführt, wobei die Kinder gut zusehen sollen, welche Materialien die Geräusche verursachen (z. B. Papierrascheln, Plastiktütenknistern, Klatschen, Glöckchen, Stampfen …). Dann drehen sich die Kinder vom Kursleiter weg, sodass sie ihn nicht sehen können. „Ich werde euch jetzt vier Geräusche vorführen und ihr sollt euch merken, welche es waren. Niemand verrät schon vorher etwas." Anschließend werden die Kinder befragt, an welche Geräusche sie sich erinnern können.

Beobachtungshinweise

Hat das Kind sich wenigstens an zwei richtige Geräusche erinnert oder hat es möglicherweise die Aufgabe nicht verstanden? In diesem Fall sollte sie später individuell wiederholt werden.

Erfolgsprotokoll für die Übungen zur auditiven Wahrnehmung

Datum ______________________________

Unter den jeweiligen Namen eintragen:

\+ gut (keine Auffälligkeiten)
++ sehr gut
? Beobachtung unklar
\- Aufgabe konnte nicht gelöst werden, weitere Beobachtungen nötig

Basis-übungen	Spiel oder Übung	Name	Name	Name	Name	Name	Name	Getesteter Bereich
1.	Hört ihr das Glöckchen?							auditive Lokalisation im Raum
2.	Wo ist der Schatz?							auditive Figur-Grund-Wahrnehmung
3.	Gleich oder anders?							auditive (verbale) Diskrimination
4.	Instrumenten-reihenfolge							auditive Lokalisation in der Zeit, Geräuschidentifikation
5.	Der Kapitän ruft seine Mannschaft							auditives Kurzzeitgedächtnis
6.	Achtung, der Hai kommt							ein Teil der auditiven Aufmerksamkeit, Körperkontrolle
Zusätzliche Übungen								
7.	Schiffskonzert							auditive (nonverbale) Diskrimination
8.	Geräusche-Kim							Geräuschidentifikation auditives Gedächtnis

Beobachtungen ____

____

____

____

4

Beispiele für Fördermaßnahmen im Bereich der auditiven Wahrnehmung

Auffälligkeiten in diesem Bereich können verschiedene Ursachen zugrunde liegen, die zuallererst ein HNO-Arzt ausschließen bzw. feststellen kann. Die auditive Wahrnehmung ist ein Teil der sensorischen Integration und eng verknüpft mit der Sprache, mit dem Gedächtnis und der Aufmerksamkeit. Probleme sollten daher ernst genommen und abgeklärt werden.

Wenn kein organischer Befund vorliegt, können Übungen helfen, die auditiven Kompetenzen zu verbessern. Kinder haben in der Regel Freude daran, Geräusche zu erraten, zu vergleichen, wiederzuerkennen usw.

Hier einige Vorschläge:

Geräusche raten

- Ein Sortiment an Geräuschdosen (z. B. Überraschungseier mit Reis, einem Nagel, einer Murmel usw. füllen) wird angelegt.
- Es sollte je zwei gleich klingende Dosen geben.
- Die Dosen werden ungeordnet dem Kind angeboten.
- Das Kind versucht, die gleich klingenden Dosen herauszufinden.
- Außerdem gilt es zu erraten, was in den Dosen enthalten sein könnte.

Geräusche Bildern zuordnen

- Es gibt entsprechende CD´s im Handel, allerdings kann man sich das Material auch selbst zusammenstellen: Wir gehen auf die Suche nach Geräuschen, fotografieren die Quelle und nehmen das Geräusch auf.
- Wenn das fertige Material vorliegt, werden die Fotos den Kindern gezeigt, besprochen und auf dem Tisch ausgebreitet.
- Sobald die Aufnahme abgespielt wird, versuchen die Kinder schnell die entsprechenden Fotos zu identifizieren.

Vorklatschen und nachklatschen

- Der Erwachsene klatscht einen kurzen und einfachen Rhythmus – das Kind versucht anschließend das Klatschen zu imitieren.

Musizieren z. B. mit Orff-Instrumenten

- Musikinstrumente werden gezeigt, das Kind versucht sie zu benennen und darf sie ausprobieren.
- Das Kind dreht sich um, der Erwachsene betätigt ein Instrument.
- Auf „jetzt" dreht sich das Kind um und darf raten, welches Instrument angestimmt wurde.
- Rollenwechsel

Mehrteilige Aufträge

„Kannst du dir den Auftrag merken?

1. Hol bitte einen Teller.
2. Geh bitte vor die Tür und klopf dreimal an.
3. Geh bitte vor die Tür, dreh dich zweimal im Kreis und spring dann dreimal so hoch du kannst" …

5. Das Wasser

(Übungen zur Aufmerksamkeitsfähigkeit)

Material

- Seefahrtsbücher
- ein Beobachtungsbogen für den Kursleiter
- Malstifte
- Zeichenblätter
- ein tiefer Teller (am besten Wegwerfteller aus Plastik) für jedes Kind
- Knete schon proportioniert (für jedes Kind eine Kugel in der Größe einer Kinderfaust)
- Knetwerkzeuge (z. B. Stöckchen, Löffel ...)
- Gießkännchen, Becher oder kleinere Flaschen mit Wasser

- *evtl. Fragebogen für einzelne Kinder zum Feststellen von Aufmerksamkeitsproblemen*
- *evtl. Informationen für die Eltern (Kopiervorlage im Anhang)*
- *evtl. Fotoapparat*
- *evtl. ein Globus oder anderes Modell der Erde*

Zusammenfassung Z

Die Kinder lernen Wissenswertes über den Wasserkreislauf. Zwischendurch erhalten sie Aufträge, die mit dem Thema in Verbindung stehen.

Wissensvermittlung W

Die Kinder erfahren, wie das Wasser auf der Erde entstanden ist und wie der Wasserkreislauf funktioniert.

Vorgehensweise und Beobachtungshinweise

Der unten aufgeführte Fragebogen sollte bereits im Vorfeld bekannt sein, um sich die wichtigsten Beobachtungskriterien noch einmal vor Augen zu führen.

Der Erwachsene erzählt den Kindern von der Entstehungsgeschichte des Wassers und vom Wasserkreislauf. Währenddessen erhalten die Kinder kleinere Aufträge, die es dem Kursleiter ermöglichen, die Kinder hinsichtlich ihrer Aufmerksamkeitsfähigkeit zu beobachten. Fühlt sich jedes Kind angesprochen, auch wenn die Aufträge an die ganze Gruppe gerichtet werden? Sind die Kinder in der Lage, ihre Aufträge auszuführen, ohne sich ablenken zu lassen? Benötigt ein Kind mehrmalige Wiederholungen der Instruktion oder setzt es die Aufgabe nach dem ersten Zuhören um? Ist ein planvolles Vorgehen zu erkennen oder wird einfach darauflosgearbeitet?

Wie ist das Verhalten beim Zuhören? Können die Kinder ihre Aufmerksamkeit schon über längere Zeit auf die Geschichte fokussieren oder sieht man es ihnen an, dass sie längst abgeschaltet haben?

Wem fällt das Stillsitzen schwer? Stört ein Kind in unannehmbarer Weise die anderen beim Zuhören? Reagiert es vielleicht vorschnell oder impulsiv auf jeden Reiz?

Der Kursleiter sieht am Verhalten der ganzen Teilnehmergruppe, wann die allgemeine Aufmerksamkeit erlahmt und wird diese Beobachtung bei der Einschätzung einzelner Kinder berücksichtigen.

Das Wasser - Wie es auf der Erde entstand

„Als unsere Erde noch ganz jung war, schlugen überall Gesteinsbrocken aus dem Weltall ein und hinterließen Krater. Vulkane brachen aus. Die Erde entwickelte eine Landschaft, die aus Bergen und Vertiefungen bestand. Wasser gab es zuerst noch nicht. Durch die Vulkanausbrüche entstanden Gase, die sich oben sammelten. Endlich begann es zu regnen. Wahrscheinlich dauerte der Regen Millionen Jahre.

Basisübungen

1. Auftrag an die Kinder

„Nehmt euch Knete und formt damit auf einem Teller eine Landschaft aus Vertiefungen und Bergen. Dann lasst es vorsichtig mit der Gießkanne auf eurem Teller regnen."

Beobachtungshinweis

Geht das Kind in der richtigen Reihenfolge vor oder fängt es sofort an, mit der Gießkanne Wasser auf den Teller zu gießen?

„Das habt ihr toll gemacht. Auf eurem Teller sind Vertiefungen und Berge. Ihr seht nun, wo sich das Wasser gesammelt hat. Auf unserer Erde gibt es inzwischen Flüsse, die irgendwo entstanden sind und immer zum Meer hinstreben. Manchmal verbinden sie sich mit anderen Flüssen. Das Wasser umspült viele Steine auf seinem Weg zum Meer. Dabei nimmt es Mineralien und Salze mit und transportiert sie ins Meer. Die Sonne lässt nun viel Wasser verdunsten. Die Mineralien und Salze aber bleiben im Restwasser. So kommt es, dass das Meerwasser salzig schmeckt."

2. Auftrag an die Kinder

„Überlegt, wo auf eurem Teller ein Meer sein soll und kratzt an der Stelle die Knete weg. Lasst das Wasser aus Flüssen dort hinströmen."

„Das Wasser kann zaubern. Erst ist es zu sehen, z. B. in einer Pfütze oder in einem Topf und dann ist es weg. Wer weiß, was aus ihm geworden ist? Ja, ein Teil des Wassers ist eingesickert in die Erde, aber ein anderer Teil ist verdunstet, das heißt, das Wasser hat sich in Wasserdampf verwandelt, den man manchmal sehen kann.

Was passiert nun mit dem Wasserdampf? Er steigt nach oben und sammelt sich dort in den Wolken. Irgendwann regnet es und das Wasser ist wieder bei uns angekommen in Form von Regen. Weil sich das immer wiederholt, nennen wir es Kreislauf – Wasserkreislauf."

3. Auftrag an die Kinder
„Nehmt ein Zeichenblatt und malt darauf den Wasserkreislauf in der Natur."

Abschließendes Spiel:
Was hat sich verändert, Kapitän?
„Wir sind hier aus Spaß im U-Boot und spielen ein Spiel, um keine Langeweile aufkommen zu lassen."

Ein Mitspieler ist der Kapitän, schaut sich aufmerksam um und verlässt diesen Raum. Die anderen Mannschaftsmitspieler verändern etwas. Jeder darf sich eine Sache aussuchen. Dann wird der Kapitän hereingebeten und versucht, so viele Veränderungen wie möglich zu entdecken. Anschließend werden die Rollen getauscht.

Ankreuzen der durchgeführten Übungen in den Seefahrtsbüchern

Fragebogen zur Feststellung von Aufmerksamkeitsproblemen:

Name des Kindes ___________________________

Alter des Kindes ___________________________

Nr.	Das Kind	Stimmt	Stimmt nicht	Stimmt manch-mal
1	lässt sich oft ablenken durch äußere Reize und reagiert auch sofort auf jeden Reiz (springt z. B. beim Essen auf, weil es ein Geräusch gehört hat ...)			
2	fühlt sich oft nicht angesprochen, scheint nicht zuzuhören, wenn man mit ihm redet			
3	vermeidet häufig Situationen, die länger anhaltende geistige Anstrengungen erfordern			
4	bringt Aufgaben oft nicht zu Ende			
5	kann über das normale Maß hinaus nicht stillsitzen			
6	kann nur schwer abwarten, bis es an der Reihe ist, spricht oft dazwischen			
7	spielt und arbeitet oft plan- und strategielos			
8	handelt oft vorschnell und impulsiv			
9	ist oft vergesslich und verträumt			

5

> ***Beobachtungshinweise***
> Die vorangestellten Kriterien sind Grundlage für eine gezielte Beobachtung über einen längeren Zeitraum und in verschiedenen Lebensbereichen des Kindes (z. B. Kita, Elternhaus). Wenn die Mehrzahl der Fragen mit „stimmt" beantwortet wurde und die Verhaltensweisen mindestens zwei Lebensbereiche des Kindes betreffen, ist eine besonders aufmerksame Beobachtung des Kindes angebracht. Alle Bezugspersonen sollten gemeinsam über geeignete Maßnahmen beraten, z. B. Neugestaltung eines gut strukturierten Tagesablaufes.

Beobachtungsbogen

Datum ____________________

Allgemeine Beobachtungen / Bemerkungen

____

____

____

____

____

____

____

____

Beobachtungen zu einzelnen Kindern

____

____

____

____

____

____

____

____

____

Beispiele für Fördermaßnahmen im Bereich der Aufmerksamkeitsentwicklung

Einem Kind mit Aufmerksamkeitsproblemen fällt es schwer, den Hauptreiz zu erkennen und ihm zu folgen. Daher lässt es sich von vielen Nebenreizen ablenken. In spielerischen Übungen kann es lernen, bewusster zu agieren.

- Spiel: „Schaffe ich es, dich abzulenken?"
  Das Kind bekommt ein Arbeitsblatt, beispielsweise ein Fehlerbild oder Suchbild, das es trotz beabsichtigter Störgeräusche, wie z. B. lautes Husten, Singen, Klatschen usw. bearbeiten soll.

- Spiel: Antenne ausrichten
  „Wir fahren in Gedanken eine Antenne aus und richten sie genau auf das, was wichtig ist. Mal sehen, ob wir so alles besser mitbekommen, was gesagt wird".

- Angebracht sind alle Übungen für die visuelle und auditive Figur-Grundwahrnehmung (siehe entsprechende Trainingseinheiten).

Ein Kind mit Aufmerksamkeitsproblemen fällt oft durch große Impulsivität auf. Es soll in diesem Fall lernen, seine Reaktionen bewusster zu kontrollieren und zu verzögern. Mit anderen Worten: Es soll erst nachdenken, bevor es handelt, statt auf jeden Reiz zu reagieren.

- Alle Spiele, die ein strategisches Vorgehen erfordern, sind hilfreich (z. B. „Schau genau", „Mastermind" oder „Vier gewinnt").
- Wichtig ist, vor Spielbeginn immer wieder auf den Nutzen planvollen Vorgehens („Was ist hier meine Aufgabe?", „Wie gehe ich hier am besten vor?", „Ich mache mir einen Plan"...) hinzuweisen. Die Ergebnisse sollen vom Kind überprüft werden.

Es geht aber auch einfacher mit etwas Phantasie:

- Die Mutter oder Erzieherin bastelt allein etwas (z. B. ein Glücksschwein aus einer Zitrone) und überrascht damit das Kind.
- „Möchtest du dir auch ein Glücksschwein basteln, dann lass uns schauen, was du dafür brauchst." (Handlungsplanung)
- Das Kind soll nicht beginnen, bevor es überlegt hat, welche Utensilien nötig sind. Es soll zählen, wie viele Zahnstocher es für die Beine und wie viele Gewürznelken es für die Augen braucht, es soll den Glückscent, der in der „Schnauze" steckt, nicht vergessen usw.
- Erst wenn alles bereitliegt, darf es eine Vermutung anstellen, wie es vorgehen muss oder kann ...
- Im Alltag gibt es unzählige Möglichkeiten, die Kinder ganz nebenbei zu fördern, aber viel zu oft verschenken wir sie, weil wir zu vorschnell sind und dem Kind viel zu viel vorgeben oder abnehmen.
- Bei besonders impulsiven Kindern hilft manchmal der Einsatz von Signalen (z. B. ein Stoppschild, rote und grüne Karten ...).

5

Weniger ist manchmal mehr

Generell sollten die Bezugspersonen von Kindern mit Aufmerksamkeitsproblemen klare Ansagen geben, auf einen gut strukturierten Tagesablauf sowie auf die konsequente Einhaltung wichtiger Regeln achten. Dabei gilt: Weniger ist manchmal mehr. Lieber wenige, aber wichtige Regeln aufstellen und kontrollieren, als zu viele, die niemand mehr im Auge behalten kann und die das Kind überfordern.

Die uns alle umgebende Reizüberflutung sollte möglichst minimiert werden. Es bekommt dem Kind unter Umständen besser, zu Hause ganz in Ruhe einen Parkplatz aus Holzbausteinen zu bauen oder mit den Eltern einen Kuchen zu backen, als von einem Ereignis zum nächsten gefahren zu werden. Das ist leichter gesagt als getan, wollen wohlmeinende Eltern doch ihrem Kind allseitige Förderung angedeihen lassen und daher alle sich bietenden Möglichkeiten nutzen. Dennoch, auch hier gilt: Weniger ist manchmal mehr.

6. Tauchübungen

(grobmotorische Übungen)

Material

- Seefahrtsbücher
- ein Erfolgsprotokoll für den Kursleiter (ausreichend bei sechs Teilnehmern, ansonsten der Teilnehmerzahl entsprechend mehr Exemplare)
- Bank oder Stuhl
- Seil, Kreidestrich o. Ä. zum Balancieren
- drei kleinere Bälle

- *evtl. Informationen für die Eltern (Kopiervorlage im Anhang)*
- *Fotoapparat*

Zusammenfassung

Z

In dieser Einheit wird ein Phantasietauchgang durchgespielt. Eingebunden in diese Spielhandlung sind verschiedene grobmotorische Übungen.

Vorbereitung des Raumes

- Bank oder Stuhl hinstellen zum Durchkriechen
- Seil oder gezogener Kreidestrich zum Balancieren
- drei kleinere Bälle bereitstellen

Beispiel für die Vorgehensweise

„Wir befinden uns auf einem Boot, das uns auf das Meer gefahren hat. Gleich beginnt unser Tauchgang. Daher schlüpfen wir jetzt in unseren Taucheranzug und ziehen auch die Taucherflossen über. Dann setzen wir die Taucherbrille auf und vergessen die Pressluftflasche nicht, damit wir unter Wasser atmen können. Seid ihr bereit?" Alle Übungen werden den Kindern demonstriert.

Basisübungen

1. Vom Boot springen

Die Kinder springen nacheinander vom „Boot" (Bank, Stuhl …)

Beobachtungshinweise
Ist der Sprung federnd und elastisch oder eher plump?

2. Durch Hindernisse abtauchen – kriechen

„Wir müssen durch diesen Felsspalt kriechen." Die Kinder kriechen unter der Bank oder unter anderen Hindernissen (z. B. Stuhl) hindurch.

Beobachtungshinweise
Erfolgen die Bewegungen fließend?

3. Auf dem Meeresgrund balancieren

„Hier wird es eng. Ihr müsst mir nacheinander folgen und verliert nicht das Gleichgewicht, wenn ihr auf dem Meeresgrund balanciert."

Beobachtungshinweise
Gelingt es dem Kind, ohne zahlreiche Ausholbewegungen auf einem Seil oder auf einem Kreidestrich zu balancieren?

4. Linkes Bein verletzt: Einbeinhüpfen mit dem rechten Bein

Beobachtungshinweise
Drei Sprünge sollten hintereinander ohne abzusetzen und ohne Gleichgewichtsprobleme möglich sein.

5. Einen Hai verscheuchen: Zielwerfen
„Oh je, jetzt kommt auch noch ein Hai. Jeder von euch darf drei Betäubungsschüsse auf ihn abgeben. Wenn ihr ihn trefft, ist er für eine kurze Zeit betäubt. Wenn ihr ihn nicht trefft, beißt er euch vielleicht." Ein Kind oder der Kursleiter spielt den Hai, welcher ganz still auf den Angriff lauert. Jeder wirft dreimal.

Beobachtungshinweise
Gelingt dem Kind mindestens ein Treffer?

6. Verletztes Bein schonen: mit geschlossenen Augen auf rechtem Bein stehen
„Das verletzte Bein schmerzt. Wir müssen uns ausruhen und das linke Bein schonen." Jedes Kind steht mit herabhängenden Armen auf dem rechten Bein.

Beobachtungshinweise
Dem Kind sollte es gelingen, mindestens fünf Sekunden lang das Gleichgewicht zu halten.

7. Heiße Quelle: Grätschsprung
„Hier ist eine heiße Quelle, die unser verletztes Bein heilen wird. Haltet das Bein ins Wasser. So, nun springen wir im Grätschsprung im Wasser herum. Merkt ihr, wie der Schmerz nachlässt?"

Beobachtungshinweise
Sind fließende elastische Bewegungsabläufe zu beobachten?

8. Linkes Bein testen: Einbeinhüpfen links - Pause - mit geschlossenen Augen auf linkem Bein stehen
„So, das Bein ist wieder gesund. Nun wollen wir einmal das linke Bein testen. Wir hüpfen auf dem linken Bein. Nun stehen wir auf dem linken Bein ganz still. Wer kann dabei die Augen schließen?"

Beobachtungshinweise (siehe 4. und 6.)

9. Heranschleichen an eine Höhle: Zehenspitzengang
„Dort ist eine Höhle. Ob der Hai dort wohnt? Wir wollen auf Zehenspitzen zur Höhle schleichen und hineinschauen."

Beobachtungshinweise
Ohne Unterbrechung sollten drei Meter im Zehenspitzengang zurückgelegt werden können.

10. Freudentanz in der Höhle: Hopserlauf

„Kein Hai zu sehen. Wir freuen uns darüber, dass unser Bein wieder gesund ist." Die Kinder springen im Hopserlauf durch die „Höhle".

> ***Beobachtungshinweise***
> Während das Kind abwechselnd mit dem linken und rechten Bein hüpft, schwingen die Arme entgegengesetzt. Hüpft das Kind federnd mit hochgezogenen Knien?

**Der Sauerstoff wird knapp, hochschwimmen, in das Boot klettern, ausruhen …
Beenden der Übungen in Form eines kleinen Rollenspiels**

Ankreuzen der durchgeführten Übungen in den Seefahrtsbüchern

6

Erfolgsprotokoll für die grobmotorischen Übungen

Datum ______________________

Unter den jeweiligen Namen eintragen:

+ gut (keine Auffälligkeiten)
++ sehr gut
? Beobachtung unklar
- Aufgabe konnte nicht gelöst werden, weitere Beobachtungen nötig

Nr.	Spiel oder Übung	Name	Name	Name	Name	Name	Name	Getesteter Bereich
1.	Vom Boot springen							Kraftdosierung, Bewegungselastizität
2.	Durch Hindernisse abtauchen (kriechen)							Bewegungs-koordination, kinästhetische Differenzierung
3.	Auf dem Meeresgrund balancieren							dynamisches Gleichgewicht
4.	Linkes Bein verletzt! (Einbeinhüpfen rechts)							Kraft, dynamisches Gleichgewicht
5.	Hai verscheuchen (Zielwerfen)							visuo-motorische Koordination
6.	Verletztes Bein schonen (mit geschlossenen Augen auf rechtem Bein stehen)							statisches Gleichgewicht, kinästhetische Differenzierung
7.	Heiße Quelle (Grätschsprung)							Bewegungs-koordination, Sprungkraft, Muskeltonus
8.	Linkes Bein testen (Einbeinhüpfen, mit geschlossenen Augen auf linkem Bein stehen)							Kraft, statisches und dynamisches Gleichgewicht
9.	Heranschleichen an eine Höhle Zehenspitzengang							dynamisches Gleichgewicht, Kraft, Ausdauer
10.	Freudentanz in der Höhle (Hopserlauf)							Kraft, statisches und dynamisches Gleichgewicht

Beobachtungen

6

Beispiele für Fördermaßnahmen

Auffälligkeiten im Bereich der Grobmotorik können verschiedenste Ursachen haben und sollten von Fachleuten abgeklärt werden.

Auch hier kann der Kinderarzt weiterhelfen und möglicherweise eine Ergotherapie oder eine physiotherapeutische Behandlung empfehlen.

Unabhängig davon sollten Kindern genügend Platz und vielfältige Möglichkeiten zu sportlichen Betätigungen angeboten werden, denn Übung hilft gerade unsicheren oder ungeschickten Kindern, ihre Bewegungskoordination usw. zu verbessern und somit Vertrauen in das eigene körperliche Können aufzubauen.

Obwohl viele Kinder Sportspiele mit Wettbewerbscharakter lieben, versteht es sich von selbst, dass Kinder mit Problemen im grobmotorischen Bereich auch zu ihren Erfolgserlebnissen kommen müssen.

Statt Wettspiele, bei denen sie möglicherweise regelmäßig verlieren, bieten Stationen (Bewegungsparcours), an welchen die Kinder bestimmte Übungen ausprobieren können, die günstigeren Bedingungen.

Kleine Höhepunkte helfen, die sportlichen Übungen noch attraktiver zu gestalten, z. B. in Form von kleinen gebastelten Sportmedaillen für **alle** teilnehmenden Kinder.

Auch ein „Bewegungspass" als Erinnerung, auf dem jedes Kind ankreuzen kann, welche Übungen ihm schon gut gelingen oder besonders gefallen haben, spornen die Kinder an.

Bewegungserfahrungen können fast überall gesammelt werden – nicht nur beim klassischen Kinderturnen. Warum nicht einfach in den Wald gehen, in den Park oder auf unterschiedliche Abenteuerspielplätze? Die Kinder können balancieren, klettern, werfen, fangen, laufen, springen - und das auch noch kostenlos an der frischen Luft.

Auch kleine Kinder sollten zumindest in der Wohnung oft Gelegenheit zum Barfußlaufen haben. Kleine Bewegungslandschaften aus unterschiedlichen Materialien (weiche und harte Kissen, Polster, Sandsäcke, Decken usw. - übereinander getürmt mit Schrägen und Vertiefungen) helfen den Kindern, das Gleichgewicht zu verbessern. Übungen, die das Schieben, Ziehen und Drücken enthalten, sorgen dafür, dass Kinder ihren Körper spüren. Tauziehen, Hahnenkampf usw. sind z. B. sehr geeignet. Nicht ohne Grund rangeln besonders wilde Kinder gern mit anderen herum. In einem Judoverein können sie gezielt ihre Kräfte einsetzen und lernen noch ganz nebenbei, gekonnt zu fallen.

7

7. U-Boot fahren

(Übungen zur feinmotorischen Entwicklung)

Material

- Seefahrtsbücher
- ein Erfolgsprotokoll für den Kursleiter (ausreichend bei sechs Teilnehmern, ansonsten der Teilnehmerzahl entsprechend mehr Exemplare)
- ein kopiertes Blatt mit dem Kreis (**7-1**), Klebeband
- größere Schüssel mit Wasser, Handtuch
- Plastikflasche mit Deckel
- Scheren
- Buntstifte
- Zeichenblätter
- **ein** DIN A 4 Blatt mit U-BOOT - 016 (siehe Kopiervorlage **7-2** oder das Buch nutzen)
- Kommandozentrale **für jedes Kind** (siehe Kopiervorlage **7-3**)
- **für jedes Kind** und den Kursleiter eine Seekarte (siehe Kopiervorlage **7-4**)
- ungekochte Reiskörner als „Futter"
- Futterluke (z. B. Karton mit Schlitz oder Loch)
- flache Schale oder Teller

- *evtl. Informationen für die Eltern (Kopiervorlage im Anhang)*
- *evtl. Fotoapparat*

- ***Für die zusätzliche Übung:***
- *Gürtel zum Zuknöpfen (mit Schnalle oder Knopf)*

Vorbereitung des Raumes

An der Außenseite der Tür wird mit durchsichtigem Klebeband das Blatt mit dem Kreis in Höhe der Kinder befestigt. Mit etwas Phantasie wird ein U-Boot aufgebaut. Das kann auch ein mit Stühlen abgegrenzter Raum sein. Die Kinder sollten dort auch etwas zeichnen und schneiden können. Außerdem muss die „Futterluke" dort ihren Platz finden und das Schälchen mit dem „Futter".

An einem anderen Platz oder in einem anderen Raum stehen eine größere Schüssel mit Wasser und eine Plastikflasche für das kleine Experiment bereit. Ein Handtuch sollte auch nicht fehlen.

Innerhalb des U-Bootes befinden sich Scheren, Zeichenblätter, die Kopien der Kommandozentrale und Seekarte sowie eine Kopie oder die Buchseite mit „U-BOOT-016". Vor dem U-Boot liegen Buntstifte bereit.

Zusammenfassung Z

Die Kinder steigen in das „U-Boot" und erhalten dabei spielerische Aufgaben zur Überprüfung der feinmotorischen Kompetenzen.

Wissensvermittlung W

Es werden Kenntnisse über U-Boote vermittelt. Die Kinder erfahren, wie der Auftrieb und das Absinken eines U-Bootes funktionieren und erproben das Prinzip in einem kleinen Experiment. Sie lernen, warum Menschen im U-Boot leben können, was Periskope sind und vieles mehr.

W **Wissensvermittlung am Experimentiertisch**
„Heute steigen wir in ein U-Boot, also Unterseeboot. Was ist das Besondere an einem U-Boot? Richtig, man kann damit tauchen und sich weit unter Wasser befinden, ohne selbst nass zu werden. Wie geht das? Zwischen der inneren und der äußeren Hülle hat das U-Boot Tanks, die beim Tauchen mit Wasser gefüllt werden. Dafür werden die Ventile geöffnet und Meereswasser strömt in die Tanks, das U-Boot wird schwerer und sinkt."

Kleines Experiment mit einer Plastikflasche und einer Schüssel Wasser:
Die **Flasche** wird von einem Kind **mit Wasser gefüllt, bis sie sinkt**.

„Wenn das U-Boot auftauchen soll, wird mit Luftdruck das Wasser aus den Tanks geblasen. Was passiert dann wohl?"

Kleines Experiment fortführen:
Ein anderes Kind kann das **Wasser aus der Flasche herausdrücken.**

„Werden die Wassertanks geleert, dann wird das U-Boot leichter, denn Luft ist leichter als Wasser. Deshalb kann das U-Boot wieder an die Wasseroberfläche aufsteigen. Die Menschen können tagelang unter Wasser im U-Boot leben. Sie essen, schlafen und arbeiten dort. Um nicht zu ersticken, wird im U-Boot Sauerstoff, also gute Luft zum Atmen verteilt.
Damit die Leute im U-Boot wissen, was über Wasser los ist, gibt es Periskope.

Das sind rohrähnliche Geräte, die ausgefahren werden können. Unten ist ein Spiegel schräg angebracht und oben auch. So können die Menschen regelrecht um die Ecke gucken und sehen, was oben vor sich geht. Seit mehr als 100 Jahren können die Menschen auch unter Wasser reisen. Um einen versunkenen Schatz zu finden, muss man tauchen. Vielleicht mit einem U-Boot. Heute fahren wir mit dem U-Boot 016. Nehmt also euer Seefahrtsbuch, einen „Zauberstift" (Buntstift) und folgt mir zur U-Boot-Tür."

Basisübungen

1. U-Boot-Tür öffnen

Die Kinder stehen hintereinander an und haben ihr Seefahrtsbuch und einen Buntstift dabei. Nacheinander zeichnet jedes Kind mit einem „Zauberstift" die Form des Kreises nach und darf dann durch die sich öffnende Tür eintreten. Das erhöht die Spannung auf die kommende Trainingseinheit und prüft bereits die visuo-motorische Koordination.

Beobachtungshinweise
Wird auf der Begrenzungslinie gezeichnet? In dieser und allen weiteren Aufgaben dieser Trainingseinheit soll beobachtet werden, welche Hand das Kind benutzt. Liegt eine eindeutige Handdominanz vor oder wechselt das Kind ständig die Arbeitsmaterialien von einer Hand in die andere?

2. U-Boot – 016

Jedes Kind sucht sich einen Platz. „Unser U-Boot heißt U-Boot - 016. Damit ihr das nicht vergesst, dürft ihr den Namen in euer Seefahrtsbuch hineinschreiben (geeignete Stelle zeigen, dann Namensbild **7-2** hochhalten). Hier seht ihr das Namensschild unseres U-Bootes. Versucht, die Buchstaben und Zahlen abzuschreiben. Erst kommt dieses U …" (zeigen und mit dem Finger nachfahren, jedes Kind muss die Buchstaben und Zahlen deutlich sehen können).

Beobachtungshinweise

Wieder kann die Handdominanz beobachtet werden. Gelingt es dem Kind, die Buchstaben und Zahlen einigermaßen erkennbar zu kopieren?

3. Kommandozentrale

„Von der Kommandozentrale aus wird das U-Boot gesteuert. Ihr erhaltet jetzt ein Arbeitsblatt und schneidet auf der äußeren Linie eure eigene Kommandozentrale aus, weil wir diese für das Abschlussspiel benötigen. Anschließend bitte ich euch, die Schaltknöpfe auszumalen."

Beobachtungshinweise

Liegt die Schere sicher und ruhig in der Hand oder verkrampft sich die Hand beim Schneiden? Kann das Kind auf der Linie schneiden? Ermüdet es schnell? Ist beim Ausmalen eine Kraftlosigkeit oder ein zu starker Druck zu beobachten? Erfolgt ein häufiger Wechsel der Hände?

4. Futterluke bedienen - seltene Fische beobachten

„Wir wollen nun ganz seltene Fische beobachten. Um sie anzulocken, müssen wir sie füttern. Auf dieser Schale ist das ‚Fischfutter' (Reiskörner). Jeder von euch darf fünf Körner nehmen und in die Futterluke werfen". Anschließend erhält jedes Kind ein Zeichenblatt, das zu einem Fernrohr zusammengerollt wird, um damit die Fische zu beobachten.

Beobachtungshinweise

Nimmt das Kind die Körner im Pinzettengriff auf? Ist es geschickt beim Greifen oder hat es dabei sichtbare Probleme? Mit welcher Hand nimmt es die Körner auf? Wie geschickt rollt das Kind das Papier zusammen? Benutzt es dabei beide Hände? In welcher Hand hält das Kind das Fernrohr, wenn es damit die Fische beobachtet?

5. Seekarte einzeichnen

Die Kinder erhalten ein Arbeitsblatt (**7-4**), auf dem sich Punkte befinden, die teilweise mit einer durchbrochenen Linie miteinander verbunden sind. „Wir sind vorhin abgetaucht und sind schon eine Weile unterwegs. Nun wollen wir in unserer Seekarte den Weg einzeichnen, den unser U-Boot genommen hat. Zuerst müsst ihr nur auf der vorgezeichneten Linie bleiben, die letzten Punkte verbindet ihr dann allein."

Beobachtungshinweise

Kann das Kind die Punkte in je einem Zug miteinander verbinden? Wirkt die Hand verkrampft oder zittrig? Ist die Kraftdosierung angemessen? In welcher Hand hält es den Stift? Nimmt das Kind den Stift zwischen Daumen, Zeige- und Mittelfinger? Hält es das Blatt mit der anderen Hand fest?

6. Abschließendes Spiel: U-Boot steuern

„Wir verlassen nun das U-Boot für ein Abschlussspiel. Dafür benötigen wir unsere Kommandozentralen. Wer will das erste U-Boot sein?" (Ein Kind gibt Kommandos, z. B. „Links, links geradeaus, einen Schritt nach hinten ..." und das U-Boot führt die Kommandos aus.
Danach werden die Rollen gewechselt.)

> ***Beobachtungshinweise***
> Wie gut reagiert das U-Boot-Kind auf die Kommandos? Wie geht es mit den Lagebezeichnungen um?

Ankreuzen der durchgeführten Übungen in den Seefahrtsbüchern

Zusätzliche Übung

7. U-Boot verlassen

„Wir werden jetzt das U-Boot zu einem Tauchgang verlassen und daher einen Taucheranzug anziehen. Schließt nun den Gurt (Knopf oder Schalle)."

> ***Beobachtungshinweise***
> Gelingt es dem Kind, den Gürtel zuzuknöpfen?

Erfolgsprotokoll für die Aufgaben zur feinmotorischen Entwicklung

Datum ______________________

Unter den jeweiligen Namen eintragen:

+ gut (keine Auffälligkeiten)
++ sehr gut
? Beobachtung unklar
- Aufgabe konnte nicht gelöst werden, weitere Beobachtungen nötig

Nr.	Spiel oder Übung	Name	Name	Name	Name	Name	Name	Getesteter Bereich
1.	U-Boot-Tür öffnen							visuo-motorische Koordination, Zielgenauigkeit
2.	U-Boot - 016							Handdominanz, Raum-Lage-Beziehung
3.	Kommando-zentrale							Finger-Hand-Geschicklichkeit, Kraftdosierung
4.	Futterluke bedienen, seltene Fische beobachten							Finger-Hand-Geschicklichkeit, Handdominanz, Pinzettengriff, Beidhandkoordination
5.	Seekarte einzeichnen							visuo-motorische Koordination, Graphomotorik, Pinzettengriff, Beidhandkoordination
6.	Spiel: U-Boot steuern							Körperkontrolle, Lagebezeichnungen, räumliche Orientierung
Zusätzliche Übung								
7.	U-Boot verlassen, Knopf schließen							Finger-Hand-Geschicklichkeit, Beidhandkoordination

Beobachtungen ____

____

____

7

Beispiele für Fördermaßnahmen im feinmotorischen Bereich

Geeignete Fördermaßnahmen sind grundsätzlich alle Übungen, bei denen ein Zusammenwirken von Auge und Hand (also Zielgerichtetheit) erforderlich ist, z. B.:

- Perlen auffädeln
- Auf- und Zuknöpfen
- getrocknete Erbsen und Linsen sortieren (Aschenputtel spielen)
- Meister Hämmerlein
- Girlanden und Tischdeckchen schneiden
- getrocknete Erbsen mit einer Pinzette auf eine Seifenablage (Saugnäpfe) legen
- Liebesperlen oder Reiskörner in ein kleines Fläschchen füllen
- Mandalas gestalten
- Modellieren
- Punkte verbinden
- Linien in Labyrinthblättern nachzeichnen
- Streichhölzer in eine Schachtel einsortieren
- Streichhölzer vorsichtig auf eine Flasche türmen
- Knöpfe sortieren
- Falten
- Steckspiele
- Puzzlespiele
- Bücher oder Hefte, in denen Sticker auf eine bestimmte Stelle geklebt werden
- Spiele mit Wäscheklammern
- verschiedenste Basteltechniken …

Feinmotorisch auffällige Kinder meiden in der Regel gerade entsprechende Tätigkeiten. Ausmalblätter sind ihnen ein Graus und das Schneiden strengt sie aufgrund ihrer verkrampften Fingerhaltung an. Daher ist ein wenig Kreativität seitens des Erwachsenen gefragt, um das Kind dennoch zu motivieren.

Jungen lassen sich oft begeistern, wenn man ihnen anbietet, mit ihnen „Gruselmasken", Dinos, Flieger, Autos oder Ritterutensilien zu basteln. Es gibt zahlreiche Anregungen - auch im Internet.

Bei Mädchen bieten sich Schmuckherstellung, gebastelte Kronen aus Tonkarton usw. an. Anfangs sollten die Arbeiten sehr einfach, aber wirkungsvoll sein, um möglichst rasch zu einem Erfolgserlebnis zu kommen.

Außerdem lassen sich Kinder gut motivieren, wenn sie Utensilien im Rahmen einer Spielhandlung anfertigen können, z. B. ein Fähnchen für die Ritterburg oder ein Schild für das Parkhäuschen.

8. Zehn Fische

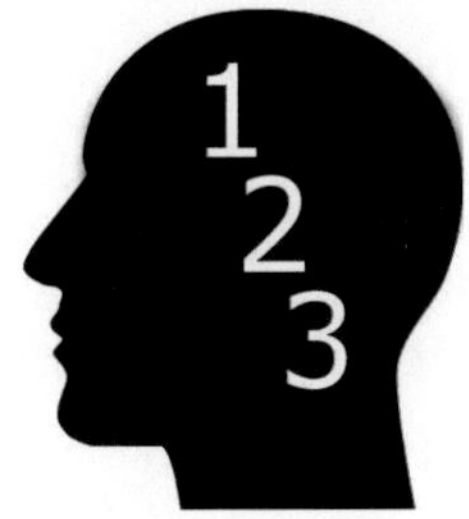

(Übungen zum rechnerischen Denken)

Material

- Seefahrtsbücher
- ein Erfolgsprotokoll für den Kursleiter (ausreichend bei sechs Teilnehmern, ansonsten der Teilnehmerzahl entsprechend mehr Exemplare)
- **für jedes Kind** Arbeitsblatt „Wasserlandschaft" (siehe Kopiervorlage **8-1**)
- **für jedes Kind** Arbeitsblatt „Zehn Fische" (siehe **8-2**)
- Buchillustration vom Fisch
- Buntstifte oder Wachsmalstifte **(siehe vorbereitende Überlegungen)**
- Scheren
- Teller mit sehr kleingeschnittenen Obst- oder Gemüsehäppchen
- ein Satz oder mehr (für jedes Kind eine Karte) ausgeschnittener Punktekärtchen (siehe Kopiervorlage „Punktekärtchen" **8-3**)

- *evtl. Informationen für die Eltern (Kopiervorlage im Anhang)*
- *evtl. Fotoapparat*

Vorbereitende Überlegungen

Die Gestaltung der Rechenunterlage (Arbeitsblatt **8-1**: Wasserlandschaft) und das Ausschneiden der Fische (Arbeitsblatt **8-2**: Zehn Fische) benötigen relativ viel Zeit. Daher ist bei einer begrenzten Zeitvorgabe zu überlegen, ob diese Vorbereitungen besser zu einem früheren Zeitpunkt mit den Kindern erfolgen sollten. Da in diesem Fall mehr Zeit zur Verfügung steht, könnten die Kinder beispielsweise die Wasserpflanzen mit Wachsmalstiften ausmalen und anschließend mit einem Schwämmchen Farbwasser auf das Blatt streichen.

Zusammenfassung Z

Die Kinder operieren mit Mengen. Sie erfassen Mengen durch Abzählen sowie auch simultan, zerlegen eine Menge in zwei oder drei Teilmengen, nehmen einen groben Mengenvergleich zwischen zwei Mengen vor usw.

Wissensvermittlung W

Die Kinder erfahren Wissenswertes über das Leben der Fische im Wasser.

Vorschlag für die Vorgehensweise

Einleitung und Wissensvermittlung W

„Heute erfahrt ihr etwas über Fische. Wer hat denn zu Hause Fische oder kann uns etwas über Fische erzählen?" Kinder berichten lassen und darauf aufbauen, z. B.: „Ja, Fische haben Schuppen. Diese schützen den weichen Fischkörper. Sie sind ein Teil der Haut, daher würde es einem Fisch sehr wehtun, wenn man ihm Schuppen herausrisse.

Es gibt aber auch Fische, die keine Schuppen haben, z. B. Welse und Neunaugen. Was glaubt ihr, hat ein Hai Schuppen? Ja, aber diese sind so klein, dass man sie nur unter einem Mikroskop sehen könnte. Wisst ihr, dass Fische sterben, wenn sie nicht im Wasser sind? Warum ist das so?

8

Alle Lebewesen brauchen Sauerstoff zum Atmen. Menschen atmen den Sauerstoff, der in der Luft ist. Fische holen sich den Sauerstoff aus dem Wasser. Dazu haben sie Kiemen, die nur im Wasser funktionieren. An der Luft würden die Fische ersticken."

Wenn noch nicht geschehen, Rechenunterlage („Wasserlandschaft": Arbeitsblatt 8-1) gestalten und die zehn Fische auf dem Arbeitsblatt 8-2 ausschneiden

Aufgaben mit Hilfe der ausgeschnittenen Fische und der Unterlage

Basisübungen

1. Zehn Fische zählen

„Wir müssen eure **Fische zählen**, um festzustellen, ob noch alle da sind. Dazu legen wir alle Fische nebeneinander an die Tischkante." Jedes Kind bekommt die Gelegenheit, die (höchstwahrscheinlich zehn) Fische abzuzählen und erhält eine Rückmeldung über das Ergebnis. Bei einer Falschnennung wird gemeinsam nachgezählt.

> ***Beobachtungshinweise***
> Ist das Kind in der Lage, die Anzahl der Fische durch Abzählen richtig zu benennen?
> Stimmen Rhythmus des Sprechens und das Antippen der Fische überein?

2. Fliegende Fische: Ordnungszahlen

„Manche Fische können für kurze Zeit über dem Wasser gleiten. Es sieht dann aus, als ob sie flögen. Nehmt **den vierten Fisch** und legt ihn auf eurer Wasserunterlage ganz oben hin, damit er über dem Wasser in der Luft ist. Lasst **den zweiten Fisch** fliegen. **Der erste Fisch** ist nun in der Luft. Jetzt darf **der letzte Fisch** auch noch fliegen."

> ***Beobachtungshinweise***
> Versteht das Kind die Bedeutung der Ordnungszahlen (Ordinalzahlen) und nimmt es den jeweils geforderten Fisch?

3. Noch mehr fliegende Fische

„Wie viele Fische fliegen in der Luft? Lasst **noch zwei weitere Fische** fliegen. Wie viele Fische sind nun in der Luft?"

> ***Beobachtungshinweise***
> Ist das Kind in der Lage, diese einfache Additionsaufgabe zu lösen?

4. Fischgruppen vergleichen

„Zählt die Fische in der Luft und die Fische im Wasser. **Vergleicht die Anzahl.** Wo sind mehr Fische: im Wasser oder in der Luft? Wo sind weniger Fische oder sind es gleich viele?" (Nicht verraten, ob die Antworten stimmen.)

> ***Beobachtungshinweise***
> Gelingt es dem Kind, die beiden Teilmengen grob zu vergleichen (mehr, weniger oder gleich viel)? Benutzt es die korrekten Begriffe „mehr oder die meisten, weniger oder die wenigsten, genauso viel ..."?

5. Kontrolltest: Wie viele Fische fehlen?

„Wir wollen mal sehen, ob ihr recht habt. Legt die Fische, die im Wasser schwimmen, **an die Tischkante** und die **fliegenden Fische darüber**. Über jedem Fisch an der Tischkante soll ein fliegender Fisch sein? Geht das?" „**Vergleicht die Anzahl** der Fische oben und unten. Wo sind mehr, wo weniger Fische oder sind es gleich viele Fische?" (Grober Vergleich)

Genauer Vergleich (individuell), z. B. „Wie viele Fische fehlen bei dir oben?" Jedes Kind ist einzeln an der Reihe und erhält eine Rückmeldung (z. B. „Ja, oben sind zwei Fische weniger als unten, denn unten sind zwei Fische mehr."

Beobachtungshinweise

Der genaue Vergleich von Mengen erfordert eine gewisse Übung. Auf die Frage: „Wie viele sind es mehr?", antworten die meisten Kinder, indem sie die gesamte Menge zählen, aber nicht die Differenz angeben. Daher empfiehlt es sich, das Kind zuerst zu fragen, wie viele denn noch fehlen, um genauso viel zu haben. Bei einer richtigen Antwort wird dann in der Bestätigung eingeflochten „Ja, ..., denn hier sind (drei) mehr als dort." Mit dieser Hilfestellung sollten fünfjährige Kinder in der Lage sein, die Differenz anzugeben.

6. Fische in zwei gleichgroße Teilmengen verteilen

„**Verteilt die Fische** nun so, dass auf dem **Meeresboden** genauso viele Fische sind wie oben im **Wasser**."

Beobachtungshinweise

Erfüllt das Kind die Aufgabe? Geht es systematisch vor? Bei Bedarf kann den Kindern das systematische Verteilen demonstriert werden: Erst alle Fische auf einen Haufen legen, dann jeweils einen Fisch nach oben, einen nach unten, einen nach oben, einen nach unten ...

7. Drei Fischgruppen

„Verteilt die Fische nun so, dass **einige im Wasser**, einige in der **Luft** und die anderen am **Meeresboden** sind."

Beobachtungshinweise

Arbeitet das Kind konzentriert oder lässt es sich ablenken? Hat es die Aufgabe verstanden?

8. Drei Fischgruppen vergleichen

„**Vergleicht die Anzahl** der Fische, wo sind die meisten, wo die wenigsten oder sind überall gleich viele? Können eigentlich in allen drei Gruppen gleich viele Fische sein? Warum nicht, probiert es einmal aus."

9. Klopfspiel

„Ich gehe nun aus dem Raum und **klopfe an die Tür.** Ihr sollt leise mitzählen. So oft ich klopfe, so viele Fische sollt ihr in die Hand nehmen."

Beobachtungshinweise

Die Übung erfordert möglicherweise ein paar Wiederholungen, bis alle Kinder darauf trainiert sind, sich die Anzahl der Klopfer zu merken und darauf richtig zu reagieren. Mindestens bis zur Anzahl von fünf Klopfern sollte das Kind fehlerfrei mitzählen und korrekt die entsprechenden Fische heraussuchen können.

10. Abschließendes Spiel: Der Fischfütterer

Jedes Kind erhält ein ausgeschnittenes Punktkärtchen (siehe Kopiervorlage **8-3**) und sagt laut, wie viele Punkte es sieht. Es soll nicht nachzählen, sondern versuchen, die Punkte spontan (simultan) zu erkennen. Der Kursleiter („Der Fischfütterer") nimmt den Obst-Gemüse-Teller. Die Kinder sind die Fische, die nun im Raum herumschwimmen. Irgendwann ruft der Fischfütterer: „Kommt her, meine Fische!".

Jedes Kind zeigt sein Punktekärtchen und bekommt so viele Stückchen vom Teller wie Punkte zu sehen sind. Aber: Jeder Fisch hat das Recht auf fünf Obst- oder Gemüsehäppchen. Erhält er weniger, muss er angeben, wie viele Stückchen ihm noch zustehen. Diese werden ihm nun auch gegeben. Dann werden die Karten eingesammelt und neu verteilt.

Beobachtungshinweise

Gelingt es dem Kind, zu Beginn des Spiels die Punktanzahl simultan zu erkennen, also nur durch das Ansehen (ohne zu zählen) die Anzahl zu bestimmen und später die Differenz festzustellen?

Ankreuzen der durchgeführten Übungen in den Seefahrtsbüchern

Erfolgsprotokoll für die Aufgaben zum rechnerischen Denken

Datum ____________________________

Unter den jeweiligen Namen eintragen:

\+ gut (keine Auffälligkeiten)

++ sehr gut

? Beobachtung unklar

\- Aufgabe konnte nicht gelöst werden, weitere Beobachtungen nötig

Nr.	Spiel oder Übung	Name	Name	Name	Name	Name	Name	Getesteter Bereich
1.	Zehn Fische zählen							Abzählen (Zählen mit Zuordnen)
2.	Fliegende Fische							Stellenbestimmung (Ordnungszahlen)
3.	Noch mehr fliegende Fische							Addieren zweier Teilmengen unter Verwendung von Anschauungsmaterial
4.	Fischgruppen vergleichen							grober Vergleich von zwei Mengen
5.	Kontrolltest: Wie viele Fische fehlen?							Zuordnen von zwei Mengen und grober und genauer Vergleich zweier Mengen
6.	Fische in zwei gleich große Teilmengen verteilen							systematisches Zerlegen einer Menge in zwei gleich große Teilmengen
7.	Drei Fischgruppen							Zerlegen einer Menge in drei Teilmengen
8.	Drei Fischgruppen vergleichen							grober Vergleich dreier Mengen
9.	Klopfspiel							Zählen akustischer Signale, auditive Aufmerksamkeit
10.	Der Fischfütterer							simultanes Erfassen einer Menge und Differenzen erkennen

Beobachtungen ____

____

8

Beispiele für Fördermaßnahmen im Bereich des rechnerischen Denkens

Der Alltag bietet unzählige Möglichkeiten, um Kinder zu kleinen mathematischen Übungen anzuregen, z. B.:

- den Tisch decken: „Wie viele Teller fehlen noch …?"
- Nüsse, Beeren, Gummibärchen usw. aufteilen unter Freunden oder Geschwistern
- Perlen auffädeln („Du darfst jetzt so viele Perlen nehmen, so oft ich klatsche …")
- mit geschlossenen Augen die Murmeln aus einer Schale herauszählen
- Perlen einer Kette mit geschlossenen Augen, also durch Ertasten abzählen
- Spiele wie „Mensch ärgere dich nicht!"
- Würfeln und so viele Schritte gehen, wie Augen auf dem Würfel sind …

Viele Vorschulhefte bieten ebenfalls Möglichkeiten, mit Mengen zu arbeiten. Allerdings geht es meist nur um die visuelle Darstellung von Mengen, welche die Kinder zählen sollen oder um Ziffern, die die Kinder nachschreiben oder ankreuzen sollen. Weitaus wirkungsvoller ist es, Mengen gegenständlich zu erleben, also buchstäblich zu erfassen (anzufassen).

Nur so können die Kinder wirklich mit Mengen operieren und einen tiefen Einblick erhalten. Ganz besonders nachhaltig ist die Kombination von Mengenerfassung und motorischer Betätigung. Beispiel: „Wir würfeln nacheinander. Jeder darf so viele Schritte gehen (springen …), wie Punkte auf dem Würfel sind. Wer zuerst an der Tür ist, hat gewonnen."

Das Kind erlebt so am besten, dass mehr Würfelaugen auch mehr Schritte bedeuten. Die räumliche Dimension eröffnet dem Kind den mathematischen Zusammenhang von mehr, weniger usw.

Weitere Übungen:

Trittsteine

- Jeder Mitspieler erhält eine alte Zeitung.
- Nacheinander wird gewürfelt. Jeder darf sich von seiner Zeitung so viele größere Teile herausreißen, wie Punkte auf dem Würfel sind.
- Das Kind, welches gerade gewürfelt hat, legt seine Zeitungsteile wie Trittsteine vor sich hin und besteigt sie dabei.
- Wer ist zuerst an einer vorher verabredeten Stelle?

Knopfladen

Material:

- Knopfsammlung (einige Knöpfe mit zwei, andere mit vier Knopflöchern, Knöpfe in verschiedenen Farben und Größen; von einer Farbe sollen zehn Knöpfe vorhanden sein)
- eine Dose oder Schachtel mit Deckel
- Auffädelschnur

Spielmöglichkeiten:

1. Knöpfe nach eigenen Vorstellungen sortieren

- Das Kind darf Knöpfe ausschütten, betrachten und nach eigener Wahl sortieren. (Beobachten, ob das Kind die Aufgabe versteht und nach welchen Kriterien es sortiert, erfragen: „Wonach hast du die Knöpfe sortiert?")

Geförderte Bereiche: Mengen in Teilmengen zerlegen (nach eigenen Vorstellungen), Aufgabenverständnis, Ausdauer, Konzentration, Handlungsplanung

2. Knöpfe nach anderen bzw. vorgegebenen Merkmalen sortieren

- „Kannst du dir vorstellen, dass man die Knöpfe auch anders sortieren kann?"
- Kind fragen, nach welchen Merkmalen man neu sortieren könnte, z. B. Größe, Material, Knopflöcher …
- mit dem Kind Knöpfe neu sortieren, evtl. auch nur einen Teil der Knöpfe

Geförderte Bereiche: Mengen nach vorgegebenen Merkmalen in Teilmengen zerlegen

3. Knöpfe auffädeln

- Alle Knöpfe kommen auf einen Haufen.
- Das Kind erhält eine Schnur zum Auffädeln.
- „Fädle zwei Knöpfe auf, egal welche."
- „Fädle zwei (z. B. rote …) Knöpfe auf."
- „Fädle drei (z. B. schwarze …) Knöpfe mit zwei Knopflöchern auf."

Achtung: Schwierigkeitsgrad richtet sich nach dem Entwicklungsstand des Kindes.
Geförderte Bereiche: Aufmerksamkeit, Konzentration, auditives Gedächtnis, Feinmotorik, Mengenverständnis …

4. Knopfgrabschen

- Alle Knöpfe kommen in die Mitte.
- „Ich rufe etwas und du greifst, so schnell du kannst, den richtigen Knopf heraus: Der Knopf, den ich meine, ist gelb und hat zwei Löcher (ist aus Holz …)."

Geförderte Bereiche: Reaktionsschnelligkeit, Konzentration, Aufgabenverständnis …

5. Knopfrechnen …

9. Das Inselquiz

Übungen zum produktiven Denken

Material

- Seefahrtsbücher
- ein Erfolgsprotokoll für den Kursleiter (ausreichend bei sechs Teilnehmern, ansonsten der Teilnehmerzahl entsprechend mehr Exemplare)
- Buntstifte
- **für jedes Kind ein** „Quatschbild" (siehe Kopiervorlage **9-1**)
- **für jedes Kind ein** Arbeitsblatt „Das Regal" (siehe Kopiervorlage **9-2**)
- Decke (als Insel)

- *evtl. Informationen für die Eltern (Kopiervorlage im Anhang)*
- *evtl. Fotoapparat*

Z **Zusammenfassung**
„Aus Spaß" sind die Kinder auf einer verzauberten Insel gestrandet.
In Spielen und Übungen wird das produktive Denken getestet und gefördert.

W **Wissensvermittlung**
Die Kinder erfahren etwas über Wasserpflanzen.

Vorschlag für die Vorgehensweise
Alle setzen sich auf eine große Decke und schließen die Augen. Es wird eine kleine Geschichte erzählt, in der es darum geht, dass die Kinder während der Fahrt mit einem Segelschiff in einen heftigen Sturm gerieten, das Schiff sank und sie auf einer kleinen verzauberten Insel landeten. Die Insel kann erst verlassen werden, wenn die nächsten Aufgaben gelöst wurden. ...

Basisübungen

1. Kalt und heiß

Der Reihe nach müssen die Kinder möglichst schnell die Sätze beenden, indem sie Gegensätze finden.
„Der Riese ist groß – der Zwerg ist ... (klein).
Der Stein ist schwer – Watte ist ... (leicht).
Pechmarie ist faul – Goldmarie ist ... (fleißig).
Die Musik ist laut – ich spreche ganz ... (leise).
Der Tisch ist hart – Schlagsahne ist ... (weich).
Am Tag ist es hell – in der Nacht ist es ... (dunkel).
Der Berg ist hoch – das Loch ist ... (tief).
Die Schnur ist lang – der Finger ist ... (kurz).
Zucker ist süß – eine Zitrone ist ... (sauer).
Ein Elefant ist schwer – eine Mücke ist ... (leicht).
Der Uropa ist alt – das Baby ist ...(jung).
Schnee ist kalt – die Sonne ist ... (heiß).
Ein Rennauto ist schnell – die Schnecke ist ... (langsam)."

Beobachtungshinweise
Versteht das Kind, was ein Gegensatz ist? Ist die Mehrzahl der Antworten richtig?

2. Hier stimmt was nicht: Quatschbild

Jedes Kind erhält ein Quatschbild und kreuzt an, was dort nicht stimmt.

> ***Beobachtungshinweise***
> Erkennt das Kind Sinnwidrigkeiten?

3. Inselquiz: Warum? (Basisübung)

- „**Warum** darf man bei Rot nicht über die Straße gehen (muss man sich beim Husten die Hand vor den Mund halten, im Winter nicht ohne Jacke draußen spielen ...)?"

> ***Beobachtungshinweise***
> Ist das Kind in der Lage, einfache kausale Zusammenhänge zu erkennen?

- „**Wozu** braucht man ein Taschentuch (einen Stuhl, einen Spiegel, einen Kamm, eine Jacke, eine Garage, eine Tür ...)?"

> ***Beobachtungshinweise***
> Versteht das Kind funktionale Beziehungen? Falls das Kind einen Begriff nicht kennt, versucht man es mit einem anderen - dem Kind vertrauten - Begriff. Wenn das Kind in der Lage ist, zu sagen, wozu der Gegenstand verwendet wird, ist die Aufgabe gelöst.

- „**Was passiert, wenn** man andere Kinder anhustet (die Zimmerpflanzen nicht gießt, das Fenster im Winter offen lässt, die Stalltür nicht schließt ...)?"

> ***Beobachtungshinweise***
> Hier geht es darum, zu beobachten, ob das Kind in der Lage ist, vorausschauend zu denken.

4. Was muss raus?

„Jeder von euch bekommt gleich ein Blatt, auf dem ein Regal zu sehen ist. Das sollt ihr jetzt aufräumen. In jeder Reihe steht ein Gegenstand, der dort nicht hingehört. Diesen Gegenstand müsst ihr wegstreichen. Schaut euch also genau jede Reihe an, bevor es losgeht." Die oberste Reihe sollte gemeinsam bearbeitet werden, damit jedes Kind die Möglichkeit hat zu lernen, worum es geht und damit eine vorschnelle (falsche) Entscheidung zu vermeiden.

Das Ergebnis sollte mit der Begründung noch einmal für alle herausgestellt werden: „Richtig, der Ball gehört nicht in die oberste Reihe, weil er keine Frucht ist." Ist das Kind in der Lage, selbstständig die nicht dazugehörenden Gegenstände herauszufinden? Kann es die entsprechenden Oberbegriffe als Begründung angeben?

> ***Beobachtungshinweise***
> Hat das Kind die entsprechenden Gegenstände weggestrichen? Ein Fehler ist erlaubt.

Wissensvermittlung W

„Alle Lebewesen benötigen Sauerstoff. Ihr wisst, dass wir Menschen Sauerstoff aus der Luft beziehen. Fische und andere Wassertiere holen den Sauerstoff aus dem Wasser. Daher sind Wasserpflanzen sehr wichtig, denn sie stellen Sauerstoff her. Außerdem dienen sie den Tieren als Versteck. Es gibt die unterschiedlichsten Wasserpflanzen.

Weil ihr alle Aufgaben gelöst habt, seid ihr nun vom Inselfluch befreit und dürft noch ein lustiges Fangspiel spielen: Die fleischfressenden Pflanzen."

5. Abschließendes Spiel: Die fleischfressenden Pflanzen

„Zwei Kinder sind fleischfressende Pflanzen. Sie stellen sich auf eine bestimmte Stelle im Raum und dürfen nicht weggehen, sondern nur ihren Körper hin- und herschwingen.

Wir anderen sind kleine Wassertierchen, die herumschwimmen. Wer zu dicht an den Wasserpflanzen vorbeischwimmt, wird möglicherweise gepackt und gefressen."

Ankreuzen der durchgeführten Übungen in den Seefahrtsbüchern

Erfolgsprotokoll für die Übungen zum produktiven Denken

Datum ____________________________

Unter den jeweiligen Namen eintragen:

\+ gut (keine Auffälligkeiten)
++ sehr gut
? Beobachtung unklar
\- Aufgabe konnte nicht gelöst werden, weitere Beobachtungen nötig

Nr.	Spiel oder Übung	Name	Name	Name	Name	Name	Name	Getesteter Bereich
1.	Kalt und heiß							Gegensätze erkennen und benennen
2.	Hier stimmt was nicht: Quatschbilder							Erkennen von Sinnwidrigkeiten
3.	**Inselquiz** *Warum?*							Erkennen kausaler Zusammenhänge
	Wozu?							Erkennen funktionaler Zusammenhänge
	Was passiert, wenn…?							vorausschauendes Denken
4.	Was muss raus?							logisches Denken, Oberbegriffe, Bilden von Kategorien
5.	Die fleisch-fressenden Pflanzen							lustiges Fangespiel

Beobachtungen ____

____

____

____

____

____

____

9

Beispiele für Fördermaßnahmen im Bereich des produktiven Denkens

Bevor Kinder zu abstraktem Denken fähig sind, benötigen sie grundlegende Sinneserfahrungen, um die Welt zu begreifen, Schlüsse zu ziehen usw.

Besonders Kinder, bei denen Probleme im kognitiven Bereich zu beobachten sind, sollten vielfältige Möglichkeiten erhalten, eigene praktische Erfahrungen zu sammeln.

Beispiele:

- mit Wasser hantieren, Plastikbecher mit Wasser füllen, in Wasser hineinpusten …
- „Was passiert, wenn wir Wasser in das Tiefkühlfach befördern?"
- das Kind am nächsten Tag nachsehen lassen, das Eis anfassen, auf verschiedene Körperstellen legen, daran lutschen …
- „Was geschieht, wenn wir das Eis in der Hand behalten?" …

Diese grundlegenden Erfahrungen haben viele Kinder nicht bewusst gemacht, vielleicht, weil Erwachsene sie für selbstverständlich halten. Weitere Experimente mit Wasser sind im Anhang zu finden.

Wenn wir daran denken, dass die Kinder die Welt begreifen müssen, um sie zu verstehen, dann leisten wir einen großen Beitrag zur kognitiven Entwicklung der uns anvertrauten Kinder. Kinder lieben es, ihren Verstand zu benutzen, Detektiv zu spielen, Fehler zu finden und Sinnwidrigkeiten zu entdecken. Sie mögen daher Quatschbilder und Quatschgeschichten und lernen beim Begründen ganz nebenbei, kausale Zusammenhänge zu erläutern.

Auch Spiele wie „Was passt nicht: Hammer, Säge, Blume und Feile?" (Blume, weil das kein Werkzeug ist) vertreiben langweilige Wartezeiten und schulen das logische Denken und die sprachliche Entwicklung (Wortschatz, Oberbegriffe).

Alles sollte spielerisch vonstatten gehen und an den Interessen des Kindes ansetzen. Die Grundregel allen Förderns ist die Begeisterung, denn Begeisterung wirkt, wie Gerald Hüther (2014) nicht müde wird zu erwähnen, wie Dünger für die neuronalen Netzwerke, also für`s Gehirn.

10. Wer kann was erzählen?

(Übungen zur sprachlichen Entwicklung)

Material

- Seefahrtsbücher
- ein Erfolgsprotokoll für den Kursleiter (ausreichend bei sechs Teilnehmern, ansonsten der Teilnehmerzahl entsprechend mehr Exemplare)

- *evtl. Informationen für die Eltern (Kopiervorlage im Anhang)*
- *evtl. Fotoapparat*

Zusammenfassung Z

Eine Phantasiereise auf einem Dampfer gestattet den Kindern, ihre sprachlichen Kompetenzen unter Beweis zu stellen.

Wissensvermittlung W

Die Kinder übernehmen eine Rolle der Schiffsbesatzung. So lernen sie spielerisch etwas über den Arbeitsalltag der Seeleute. Um dem Bewegungsdrang der Kinder entgegenzukommen, werden zu jeder Spielübung verschiedene „Plätze auf dem Schiff" aufgesucht. Man muss sich also im Vorfeld überlegen, wo im Raum welche Übung durchgeführt wird.

Beispiel für die Vorgehensweise:

„Heute wollen wir eine kleine Phantasiereise machen. Unsere Reise findet auf einem großen Dampfer statt. Wir besteigen den Dampfer über eine Treppe und gehen einmal zur Reling und schauen uns um …"

Basisübungen

1. Viele Sprachen an Bord

„Die Menschen an Bord kommen zum Teil aus anderen Ländern. Dort werden verschiedene Sprachen gesprochen. Manches klingt sehr seltsam. Könnt ihr folgende Wörter nachsprechen?"

- Sa-mu-lu, Re-ne-fa, Scha-la-ri, Mon-tu-ris, Schma-ti-pu, Prak-ti-tu, Schwa-ku-la, gre-me-ka, Tru-li-pa, Kra-ta-fi, Fro-mo-sa, Fla-scho-li,
- Kra-li-fa-ri, tru-ri-ku-ta, re-te-la-fi, meng-ta-min-na, sing-li-ta-fi, klo-lo-ri-ma …"

Variation: Viel Spaß macht es auch, wenn sich die Kinder abwechselnd Quatschwörter ausdenken dürfen, welche die anderen Kinder oder der Erwachsene wiederholen.

Beobachtungshinweise

Das Kind sollte einfache viersilbige Phantasiewörter (z. B. Re-ne-fa-la) wiederholen können. Kann es nur die dreisilbigen Wörter nachsprechen, sollte es die Möglichkeit erhalten, in spielerischer Form das Kurzzeitgedächtnis zu trainieren. Vermag es, die Laute und Lautverbindungen korrekt zu artikulieren?

2. Wer spricht unsere Sprache gut?

„Nun gehen wir einmal nach unten in eine Kabine und setzen uns hin. Die Menschen versuchen unsere Sprache zu sprechen, aber nicht immer gelingt ihnen das ohne Fehler.
Ihr sollt mir nun sagen, ob die nächsten Sätze richtig sind oder falsch." Jedes Kind erhält eine Aufgabe und korrigiert den Satz, wenn es einen Fehler entdeckt hat.

- „Paul hat das Essen gekochen."
- „Ein Matrose hat viele Fische gefangt."
- „Der Himmel ist wolkenlos."
- „Nun hat der Kapitän das Fernrohr genehmt."
- „Dort drüben habe ich eine Insel geseht."
- „Die Insel riesig ist groß."
- „Einen Bach konnten wir auf der Insel entdeckt."
- „Affen springten gestern herum".
- „Menschen waren nicht zu sehen."
- „Möwen sind hochgefliegt."
- „Der Kapitän gibt den Befehl, nicht auf der Insel zu landet."
- „Wir mussen weiter."
- „Ein Sturm zieht auf."
- „Es wird richtig ungemutlich."
- „Wir haben Glück, das Unwetter zieht an uns vorüber."
- „Bald sind wir im sicheren Hafen gelanden." …

Beobachtungshinweise
Ist das Kind in der Lage, grammatikalische Fehler zu entdecken und den Satz zu korrigieren? Wenn das nicht der Fall ist, sollten dem Kind weitere Falschsätze vorgegeben werden. Möglicherweise hat es nur die Aufgabe nicht gleich verstanden oder es ist aufgeregt.

3. Wie viele Teile haben unsere Namen?

„ Nun begeben wir uns in das Restaurant. Dort wird gerade zu Mittag gegessen. Fremde Leute, z. B. Passagiere, stellen sich gegenseitig vor, wenn sie sich kennen lernen.
Wir wollen unsere Namen sagen. Damit die anderen Kinder den Namen ganz deutlich verstehen können, klatschen wir die Namenteile, z. B.:‚Ich heiße Lena, Lena'. Versucht es nun auch einmal". Nachdem alle Kinder ihren eigenen Namen in Silben zerlegt (geklatscht) haben, versuchen sie vorgegebene Namen zu zerlegen, darunter auch ein- und dreisilbige.

Beobachtungshinweise
Das Kind hat die Aufgabe erfüllt, wenn es ein-, zwei- und dreisilbige Namen aussprechen und gleichzeitig klatschen kann. Sowohl die Anzahl der Silben muss stimmen als auch das synchrone Silbensprechen und Klatschen. Allerdings sind anfangs mehrere Versuche erlaubt, um sicherzugehen, dass das Kind die Aufgabe verstanden hat.

4. Ein Reim oder kein Reim

„Damit es zwischendurch nicht langweilig wird, spielen wir an Deck ein Reimspiel. Wie gehen die folgenden Sätze wohl weiter?

- Das Ferkel liegt im Dreck, auf einmal ist es … (weg).
- Da schaut die kleine Liese, ein Frosch hüpft über die … (Wiese).
- Der Vogel liegt im Nest, er schläft ganz tief und … (fest).
- Was macht denn nur der Klaus im schönen neuen … (Haus)?
- Oh, wie ist mir bange, ich sehe dort eine … (Schlange).
- Im Gras, da sitzt der Hase mit seiner Schnupper- (…nase).
- Die Katze springt vom Dach und landet in dem … (Bach).
- Wurst gibt`s nicht beim Bäcker, doch Kuchen schmeckt auch ganz … (lecker).
- Die Lena, die ist sauer, steht bockig an der … (Mauer).
- Der Meister sagt: „Mein Sohn, nun kriegst du deinen … (Lohn)."
- Die Stute guckt ganz scheu, knabbert lieber an dem … (Heu)."

Beobachtungshinweise

Wichtig bei dieser Übung ist nicht das sinnvolle Versbilden, sondern das Erkennen von Reimwörtern. Das Kind darf daher selbstverständlich auch eigene Reime dichten. Bei Problemen kann etwas nachgeholfen werden („Das Ferkel liegt im Dreck, auf einmal ist es … weg oder schmutzig?").

5. Abschließendes Rollenspiel: Kleines Theater

„Wir wollen nun herausfinden, wer auf unserem Dampfer arbeitet." Jedes Kind übernimmt eine Rolle, die ihm zugeflüstert wird (ebenfalls kurz das Aufgabengebiet). Das erste Kind schlüpft in die Rolle des Kapitäns. Es stellt den Kapitän dar. Dieser kann beispielsweise ernst herumlaufen und nach dem Rechten sehen.

Ein Kind ist der Reporter und kommt nun zum Kapitän. Es darf z. B. fragen: „Entschuldigung, ich möchte gern wissen, wer Sie sind und was Sie tun." Das angesprochene Kind gibt Antwort, z. B.: „Ich bin der Kapitän. Also der Chef auf dem Dampfer. Ich gucke gerade, ob alles in Ordnung ist."

Dann geht der „Reporter" weiter, bis er auf das nächste Mannschaftsmitglied stößt (dabei sein sollten: der Steuermann, der Smutje und seine Helfer in der Kombüse und Matrosen, die verschiedene Aufgaben verrichten. Die Kinder, welche bereits eine Rolle gespielt haben, schließen sich dem Reporter an, um auch etwas von den anderen Rollen mitzubekommen. Das Spiel kann natürlich nach Wunsch ausgebaut werden, um es spannender zu gestalten (ein Hai ist in Sicht, Piraten kommen auf uns zu, ein Sturm bricht los …).

Beobachtungshinweise

Inwieweit gelingt es dem Kind, die ihm zugeflüsterten Informationen sprachlich zu verarbeiten und auszuformulieren? Benötigt es viel Hilfe?

Ankreuzen der durchgeführten Übungen

Allgemeine Beobachtungshinweise zur Einschätzung der sprachlichen Entwicklung

Beobachtungsmöglichkeiten ergaben sich bereits in fast allen vorausgegangenen Trainingseinheiten (z. B. in der Einheit zum produktiven Denken). Folgende Kriterien stellen eine Hilfe zur Einschätzung der sprachlichen Fähigkeiten von Kindern im Alter von ca. fünf bis sechs Jahren dar:

10

Das Kind

- benutzt vollständige und zum Teil auch komplexe Sätze (z. B. Nebensätze),
- erzählt einfache Geschichten, kleine Erlebnisse usw. in richtiger zeitlicher Reihenfolge nach,
- kann dabei wesentliche Zusammenhänge wiedergeben,
- benutzt in seinen Sätzen oft mindestens fünf Wörter,
- verfügt über einen bereits differenzierteren Wortschatz und über ein ausreichendes Sprachverständnis,
- bildet den Plural korrekt,
- verwendet richtige Artikel,
- kann auf Fragen hin Wörter definieren und verwendet dabei oft mehr als nur ein Merkmal,
- konstruiert meist grammatikalisch fehlerfreie Sätze,
- benutzt auch korrekte Grammatik in der Vergangenheitsform,
- kann Laute deutlich und korrekt bilden.

Erfolgsprotokoll für die Übungen zur sprachlichen Entwicklung

Datum ______________________________

Unter den jeweiligen Namen eintragen:

+ gut (keine Auffälligkeiten)

++ sehr gut

? Beobachtung unklar

- Aufgabe konnte nicht gelöst werden, weitere Beobachtungen nötig

Nr.	Spiel oder Übung	Name	Name	Name	Name	Name	Name	Getesteter Bereich
1.	Viele Sprachen an Bord							Kurzzeitgedächtnis, Lautbestand, Lautdifferenzierung
2.	Wer spricht unsere Sprache gut?							Satzbildung (Syntax), Erkennen von grammatikalischen Fehlern
3.	Wie viele Teile haben unsere Namen?							Silbenrhythmus erkennen
4.	Ein Reim oder kein Reim?							Reimbildung (phonologische Bewusstheit)
5.	Abschließendes Rollenspiel: Kleines Theater							Satzbildung, Sprachverständnis, Wortschatz

Beobachtungen ______________________________

____

____

____

____

____

____

____

____

10

Beispiele für Fördermaßnahmen im Bereich der sprachlichen Entwicklung

Der Alltag bietet zahlreiche Möglichkeiten zum sprachlichen Austausch mit dem Kind, z. B.:

- das Schaffen und Nutzen vielfältiger Gelegenheiten zur Wissens- und Wortschatzerweiterung (Ausflüge, Bücher …)
- kleine Rollenspiele
- Zeit zum sprachlichen Austausch
- singen, musizieren
- Spiel zur Gegenstandsbeschreibung: „Ich sehe was, was du nicht siehst."
- Quatschgeschichten
- Rätsel lösen und erfinden
- Gedanken zu Illustrationen und Geschichten
- Geschichten zu selbstgemalten Bildern erzählen …

Bei Auffälligkeiten im sprachlichen Bereich (z. B. verwaschene Aussprache …) sollte der Kinderarzt konsultiert werden. Möglicherweise wird das Kind an einen HNO-Arzt verwiesen, der hörorganische Probleme abklärt. Anschließend wäre evtl. eine logopädische Betreuung angebracht.

Weitere Sprachübungen

Reimwörter erkennen
„Was fällt euch bei folgenden Wörtern auf: gut - Mut - Blut?
Ja, sie reimen sich: gut, Mut, Blut, immer ist am Ende ein ut.

Was denkt ihr, was reimt sich noch auf gut, Mut und Blut:
Hut - Katze oder Wolke?
„Richtig, nur Hut reimt sich auf gut, Mut und Blut.
Die anderen Wörter klingen anders.

Gleich sage ich euch drei Wörter. Zwei von ihnen reimen sich und eins klingt anders. Flüstert mir ins Ohr, was sich nicht reimt:

- Ratte - Matte - Torte
- Bett - rot - Fett
- Kamm - Schlamm - Tuch
- Buch - Fleisch - Tuch
- Halle - Falle - Kelle
- Kuss - Schere - Fluss
- Schrank - Bank - Ring
- Haus - Kuh - Maus
- Brille - Rille - Tür
- Nase - Stroh - Hase" …

Das Ende der Piratengeschichte erfinden
„Hast du schon einmal etwas über Piraten gehört? Ideen sammeln. „Ja, Piraten waren Seeräuber. Sie lauerten anderen Schiffen auf und wollten die oftmals kostbaren Waren stehlen. Weil die Waren und Schätze selten freiwillig an die Piraten übergeben wurden,

mussten die Piraten sich Tricks ausdenken oder Gewalt anwenden. Ihre Schiffe waren daher oft mit Kanonen und anderen Waffen bestückt. Diese Piraten waren harte Burschen.

Hier hörst du den Anfang einer Piratengeschichte, die du dann weitererzählen darfst. Es war an einem schönen Sommertag, als Käpt`n Graubart mit dem Fernrohr übers offene Meer blickte …"

11

11. Gedächtnisprofis

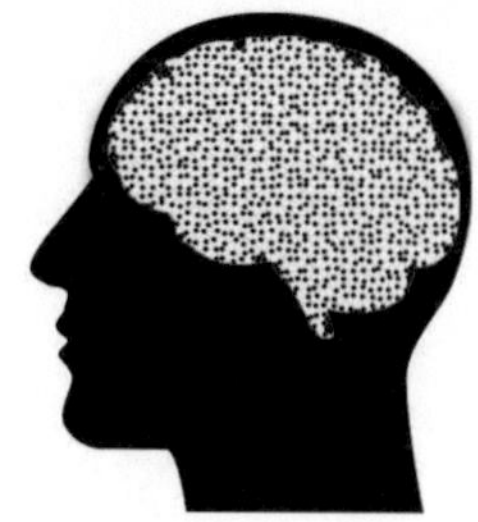

(Gedächtnisübungen)

Material

- Seefahrtsbücher
- ein Erfolgsprotokoll für den Kursleiter (ausreichend bei sechs Teilnehmern, ansonsten der Teilnehmerzahl entsprechend mehr Exemplare)
- zwei Knetklumpen **für jedes Kind**
- größere Schüssel oder Wanne mit Wasser
- zur Demonstration ein einfaches Schiffsmodell (z. B. Spielzeugschiff, kleines Boot oder halbe Walnussschale)
- drei Sets mit je vier zusammengehörenden Gegenständen (z. B. vier verschiedene Fahrzeuge, vier unterschiedliche Bausteine, Messer, Gabel, kleiner Löffel, großer Löffel usw.)
- ein Stoffbeutel zum Hineinfassen
- Malstift in verschiedenen Farben
- Tuch zum Augenverbinden
- für jedes Kind eine kleine Fischkarte bzw. zwei oder drei Arbeitsblätter „6 Fische" (siehe Kopiervorlage **11-1**) zerschnitten

- *evtl. Informationen für die Eltern (Kopiervorlage im Anhang)*
- *evtl. Fotoapparat*

Z **Zusammenfassung**
Die Kinder erleben in einem kleinen Experiment, warum Schiffe schwimmen. Außerdem erweitern sie ihr Wissen über Schiffe und trainieren ihr Gedächtnis mit Hilfe kleiner Spiele.

W **Wissensvermittlung**
Interessantes über Schiffe (siehe oben)

Vorschlag für die Vorgehensweise
Die Kinder versammeln sich um die mit Wasser gefüllte Schüssel. „Heute werdet ihr etwas Interessantes über Schiffe erfahren. Zuerst wollen wir überlegen, warum Schiffe überhaupt schwimmen. Dazu müsst ihr wissen:

Jeder Gegenstand kann schwimmen, wenn er nicht schwerer ist, als das Wasser, das er beim Eintauchen verdrängt.

Das probieren wir jetzt aus. Jedes Kind bekommt **zwei Knetklumpen**. Formt aus dem einen Klumpen eine **Kugel** und aus dem anderen ein **offenes Boot**. Dann wollen wir beides zu Wasser lassen und beobachten, was passiert (Kinder experimentieren und formulieren dann ihre Beobachtungen).

Vorn laufen Schiffe spitz zu. Dadurch wird das Wasser schneller zur Seite geschoben. Wer von euch schon schwimmen kann, weiß, dass ein Schwimmer auch die Arme vor sich zusammenfaltet, wie eine Spitze. Probiert es einmal aus.

Die Schiffe haben einen Rumpf, der so gebaut ist, dass er sich auch beim Hin- und Herschaukeln immer wieder aufrichtet - wie ein Stehaufmännchen. Das Deck verhindert, dass Wasser eindringt." (Kleines Boot oder Nussschale zu Wasser lassen, Kinder dürfen pusten und beobachten, wie das Boot hin- und herschaukelt.)

Basisübungen - Gedächtnisspiele

1. Was fehlt?

Die Kinder stellen die Gegenstände in Vierer-Gruppen auf (siehe Material). Sie benennen (evtl. mit Hilfe) die Oberbegriffe. Ein Kind kriecht unter den Tisch oder verlässt den Raum.
Ein anderes Kind darf nun einen Gegenstand entfernen und hinter dem Rücken verstecken. Das erste Kind versucht schnell herauszufinden, was fehlt. Die Aufgabenstellung kann erschwert werden, indem mehrere Kinder etwas verstecken dürfen oder indem Fünfer-Gruppen aufgestellt werden.

Beobachtungshinweise

Hier wird das visuelle Gedächtnis beobachtet und trainiert. Außerdem spielt die gezielte Aufmerksamkeit eine große Rolle und simultanes Erfassen von Teilmengen, nämlich dann, wenn das Kind sehr schnell merkt, in welcher Gruppe nur noch drei Gegenstände vorhanden sind. Bei Problemen sollte mit nur einer Gruppe von Gegenständen begonnen werden.

2. Auf meiner Reise sehe ich ...!

Abwandlung des Spiels: „Ich packe meinen Koffer." Der Kursleiter beginnt: „Auf meiner Reise sehe ich einen Wal." Das neben ihm sitzende Kind wiederholt und ergänzt: „Auf meiner Reise sehe ich einen Wal und eine Welle ..."

Beobachtungshinweise

In dieser Übung wird das auditive Gedächtnis geprüft und gefördert. Mindestens drei Begriffe sollte das Kind richtig wiedergeben können. Anfängliche Probleme sind möglicherweise auf eine nicht richtig verstandene Aufgabenstellung zurückzuführen. Daher kann man auch zuerst eine Proberunde durchführen.

3. Welcher Fisch ist es?

Die Karten mit Fischen werden verteilt und von den Kindern in unterschiedlichen Farben angemalt. Eine Hindernisstrecke (Parcours) wird im Raum aufgebaut, die Karten auf einen Stapel gelegt. Jeder ist nacheinander an der Reihe. Das erste Kind zieht eine Karte, legt sie verdeckt an der ersten Station ab und begleitet verbal sein Tun: „Ich lege den gelben Fisch neben das Seil ..."

Dann durchläuft es die Strecke. Das nächste Kind nimmt eine Karte, versucht sich zu erinnern, welche Karte an der ersten Station liegt: „Hier liegt der gelbe Fisch", und legt seine Karte mit Wortbegleitung an der zweiten Station ab und durchläuft die Strecke bis zum Schluss usw.

Beobachtungshinweise

Ziel dieser Übung ist es, sich an möglichst viele Karten erinnern und sie richtig benennen zu können. Gelingt dies dem Kind? Die Kombination von grobmotorischen Übungen und Gedächtnisleistungen ist für das Trainieren des Gedächtnisses sehr geeignet. Gerade bei Defiziten im Gedächtnisbereich sollte man diese Form des Trainings nutzen.

4. Abschließendes Spiel: Der Tastbeutel

Die Kinder sitzen im Kreis. Der Kursleiter legt heimlich vier Gegenstände (von den Sets aus Übung 1) in den Stoffbeutel und lässt ihn herumwandern. Jedes Kind darf einmal hineinfassen und kommentarlos feststellen, welche Gegenstände es ertasten kann.

Wenn der Beutel wieder beim Kursleiter angekommen ist, zeigt er den Kindern die einzelnen Gegenstände. Dann werden sie wieder hineingelegt, wobei er einen Gegenstand weglässt, ohne dass die Kinder es sehen. Der Beutel wird wieder zum Hineingreifen und Ertasten herumgereicht. Die Kinder dürfen am Ende der Runde dem Kursleiter ins Ohr flüstern, welcher Gegenstand fehlt oder es wird ein Kind aufgerufen, das seine Vermutung laut äußern darf.

Variation:

Die Anzahl der Gegenstände kann erhöht werden oder die Kinder können abwechselnd einen Gegenstand entfernen.

Beobachtungshinweise

In diesem Spiel hat das Kind die Möglichkeit, sein taktiles Gedächtnis einzusetzen und möglicherweise seltene Sinneserfahrungen zu machen. Gelingt es ihm, sich die ertasteten Gegenstände zu merken und festzustellen, welches in der nächsten Runde fehlt?

Ankreuzen der Übungen in den Seefahrtsbüchern

Erfolgsprotokoll für die Gedächtnisübungen

Datum ______________________________

Unter den jeweiligen Namen eintragen:

+ gut (keine Auffälligkeiten)
++ sehr gut
? Beobachtung unklar
- Aufgabe konnte nicht gelöst werden, weitere Beobachtungen nötig

Nr.	Spiel oder Übung	Name	Name	Name	Name	Name	Name	Getesteter Bereich
1.	Was fehlt?							visuelles Gedächtnis
2.	Auf meiner Reise sehe ich….							auditives Gedächtnis
3.	Welcher Fisch ist es?							visuelles Gedächtnis
4.	Abschließendes Spiel: Der Tastbeutel							taktiles Gedächtnis

Beobachtungen ______________________________

11

Beispiele für Fördermaßnahmen im Gedächtnisbereich

Kleine Übungen und Spiele helfen, das Gedächtnis zu trainieren. Oberstes Gebot ist das Vorgehen in kleinen Schritten, d. h. es muss an Erfolgserlebnisse angeknüpft werden, auch wenn diese anfangs noch auf niedrigem Niveau erfolgen. Das Kind muss das Gefühl bekommen, ein kleiner Gedächtniskünstler zu sein. Nur so wird es angespornt, sich immer mehr zu merken. Kleine Gedächtnistricks unterstützen das Kind in seinen Bemühungen, z. B.:

- „Alles, was wir uns merken wollen, müssen wir uns als Bild vorstellen. Das Bild kann ziemlich verrückt sein, das ist sogar gut, denn dann merken wir es uns besonders lange. Nehmen wir als Beispiel das Spiel: ‚Ich packe meinen Koffer.' Ein Kind will vielleicht eine Seife mitnehmen. Wir könnten uns in unserer Phantasie die Seife als glitschig herumspringendes, kicherndes Ding vorstellen. Erst, wenn unser Gehirn Verbindungen zwischen Wort und Bild herstellt, merken wir es uns gut."

- „Wir stellen uns einen Schubladenschrank vor mit fünf Schubladen, die untereinander zu finden sind. Das Erste, was wir uns vorstellen wollen, packen wir in die oberste – also erste – Schublade. Wir stellen uns genau vor, wie wir es hineinlegen und die Schublade zuschieben. Das Zweite, das es zu merken gilt, legen wir in die zweite Schublade usw. Vier Schubladen werden auf die Art gefüllt, d. h. vier Dinge können wir uns nun gut merken. Am nächsten Tag kommt die fünfte Schublade dazu." Wichtig ist, das Kind nicht zu überfordern und damit zu frustrieren.

- „Gut merken können wir uns Dinge oder Aufgaben, wenn wir uns eine lustige Geschichte dazu ausdenken. Wenn wir z. B. die Aufgaben bekommen, uns die Zähne zu putzen, das Waschbecken sauber zu verlassen und uns danach den Schlafanzug anzuziehen, fällt mir folgende Geschichte dazu ein:

  Ich putze mir die Zähne, auf einmal fängt die Zahnbürste an zu schimpfen. Sie meckert und meckert: ‚Was bist du nur für ein Ferkel, du hast das Waschbecken völlig bespritzt hinterlassen, igittigittigitt. Das halte ich nicht aus'. Ich beruhige die Zahnbürste und wische das Becken sauber. Da kommt schon mein Schlafanzug angelaufen und murrt: ‚Wo bleibst du denn nur? Ich habe doch nicht den ganzen Abend Zeit …' Wenn ich an diese Geschichte denke, vergesse ich abends ganz sicher die drei Aufgaben nicht, was denkst du?"

Ganz besonders gut werden Wörter, Dinge usw. gespeichert, wenn sie in Verbindung mit motorischen Bewegungen erfolgen (siehe 3. Aufgabe in dieser Trainingseinheit).

12. Unterwasserschatzsuche

Die Unterwasserschatzsuche bildet den eigentlichen Abschluss und natürlich zugleich den Höhepunkt des Seefahrertrainings. Dieses Abschlussfest kann individuell gestaltet werden. Der folgende Ablauf ist daher nur ein Vorschlag.

Material

- Schatzkarten der Kinder (aus der Einführungsstunde) oder ein Exemplar für alle
- Kommandozentralen der Kinder (siehe 7. Trainingseinheit)
- Seefahrtsbücher
- Schatzkiste (oder beklebter Schuhkarton ...) mit kleinen Überraschungen
- Knabberzeug oder Naschzeug
- Aufgabenzettel (siehe Kopiervorlagen), je ein Exemplar ist ausreichend
- Fühlkiste (Pappkarton mit einem eingeschnittenen Loch zum Hineinfassen und einer aufgemalten „1“)
- Luftballon mit aufgemalter „2“ und Faden zum Aufhängen des Luftballons
- kleine Behälter, z. B. aus Überraschungseiern und andere kleine Gegenstände, an denen man sich nicht verletzen kann (z. B. Bausteine, Wattebausch ...)
- Flasche mit Verschluss und einer aufgemalten oder aufgeklebten „3“
- sechs Gläser und Tablett markiert mit „4“ (Anleitung und farbige Abbildung siehe weiter hinten bzw. siehe Anhang)
- Kanne oder Flasche mit Wasser
- Tücher zum Augen verbinden
- evtl. Papprollen als „Fernrohre“ oder Periskope (siehe Bauanleitung im Anhang)
- Anleitung für die Wasserknobelei (siehe weiter hinten)

Vorbereitung des Raumes

- ein U-Boot bauen (z. B. Stuhlkreis in der Mitte des Raumes)
- Schatzkarten und Kommandozentralen ins U-Boot legen
- Seefahrtsbücher bereitlegen und evtl. Periskope oder „Fernrohre“ sowie Knabberzeug oder Süßes für die Essenspause

- Die anderen Stationen verteilt im Raum vorbereiten

12

Vorbereitung der 1. Station (Fühlkiste):

- in eine Ecke des Raumes die Fühlkiste aufstellen
- zerschnittene Zettel für die Fühlkiste vom Aufgabenzettel - 1 - (siehe Kopiervorlagen unten)
- kleine Behälter (z. B. aus Überraschungseiern …) mit diesen Zetteln füllen und mit den anderen kleinen Gegenständen (z. B. Bausteine) in die Fühlkiste legen
- einfacher geht es, indem die Zettel einfach zusammengefaltet zwischen die anderen Gegenstände verteilt werden

Aufgabenzettel - 1 - für die Fühlkiste

✂……………………………………………………………………………………

Kriecht wie eine Wasserschlange einmal um das U-Boot herum. Sucht danach nach Nr. 2!	reingelegt
reingelegt	reingelegt
reingelegt	reingelegt
reingelegt	reingelegt
reingelegt	reingelegt
reingelegt	reingelegt
reingelegt	reingelegt
reingelegt	reingelegt

Vorbereitung der 2. Station:

- Luftballon mit zerschnittenen Zetteln vom Aufgabenzettel - 2 - füllen (siehe Kopiervorlage unten) und aufgepustet aufhängen

Aufgabenzettel - 2 - für den Luftballon

✂...

Jeder Mensch hat gute und weniger gute Eigenschaften. Sagt nun der Reihe nach eurem Nachbarn, was ihr an ihm gut findet.	Bla-bla-bla :-)
Bla-bla-bla :-)	Bla-bla-bla :-)
Bla-bla-bla :-)	Bla-bla-bla :-)
Bla-bla-bla :-)	Bla-bla-bla :-)
Bla-bla-bla :-)	Bla-bla-bla :-)
Bla-bla-bla :-)	Bla-bla-bla :-)
Bla-bla-bla :-)	Bla-bla-bla :-)
Bla-bla-bla :-)	Bla-bla-bla :-)

12

Vorbereitung der 3. Station (Flaschenpost):

- Aufgabenzettel - 3 - **Rätsel** (siehe Kopiervorlage unten) als Rolle zusammenbinden, in die Flasche schieben und Flasche verstecken (nicht zu schweres Versteck wählen)

✂ ....

Aufgabenzettel - 3 - für die Flaschenposträtsel

Löst der Reihe nach folgende Rätsel:

- Welches Tier schwimmt im Wasser und hat Schuppen?
- Welches Boot kann tauchen?
- Warum kann ein U-Boot tauchen?
- Wie steigt es wieder auf?
- Wie heißt der Chef auf einem Schiff?
- Wie heißen die Tiere, bei denen der Papa die Babys bekommt?
- Was geschieht mit Seesternen, denen ein Arm fehlt?
- Warum sind Wasserpflanzen wichtig?
- Warum ist Wasser für alle Lebewesen so notwendig?
- Was weißt du über Piraten?
- Was hat ein Kapitän zu tun?
- Was passiert mit einem Fisch, der für längere Zeit kein Wasser um sich hat?
- Warum schwimmen Schiffe? ...

Vorbereitung der 4. Station (Gläsertablett):

Material
- sechs Gläser auf das Tablett stellen
- jedes zweite Glas mit Wasser füllen
- Knobelaufgabe: Aufgabenzettel - 4 - **Wasserknobelei** (siehe Kopiervorlage unten)

Bei der folgenden Aufgabe handelt es sich um ein wenig Denksport.

Vorgehensweise

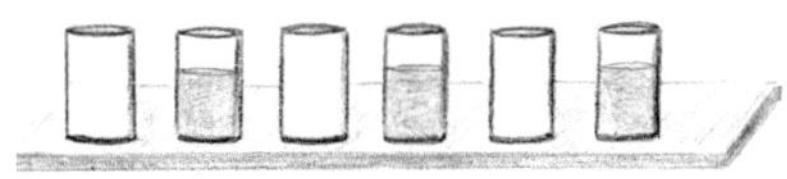

- Drei der sechs Gläser (oder Becher) werden mit Wasser gefüllt.
- Die leeren und gefüllten Gläser werden abwechselnd nebeneinander auf den Tisch gestellt
- Die Kinder hören folgende Aufgabenstellung:

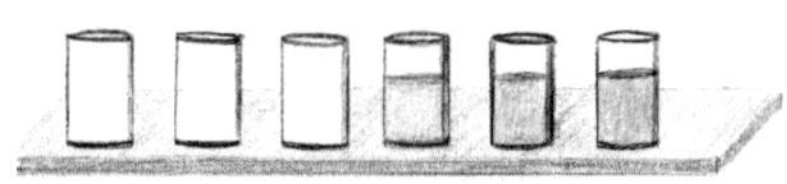

> „Die vollen Gläser sollen alle nebeneinander stehen. Aber ihr dürft nur ein Glas berühren."

- Durch Ausprobieren versuchen die Kinder nun, das Rätsel zu lösen.
- Auflösung: Der Inhalt des zweiten Glases wird in das fünfte Glas gekippt. Danach wird das zweite Glas wieder auf den alten Platz gestellt (siehe Abbildung im Anhang).

✂ ....

Aufgabenzettel - 4 - für die Wasserknobelei

Wasserknobelei

„ Die vollen Gläser sollen alle nebeneinander stehen. Aber ihr dürft nur ein Glas berühren."

12

Vorbereitung der 5. Station (Haiplatz):

- Haiplatz festlegen

Vorbereitung der 6. Station (im U-Boot)

- Aufgabenzettel - 6 - im U-Boot (siehe Kopiervorlage) „Wie ein Schatzsucher sich fühlt" bereitlegen. Er wird zwischendurch unauffällig in das U-Boot gelegt.

✂··

Aufgabenzettel für die Station - 6 - im U-Boot: „Wie ein Schatzsucher sich fühlt"

Jedes Kind versucht zu zeigen, wie ein Schatzsucher sich fühlt, wenn er

- traurig ist, weil niemand ihm beim Suchen helfen will
- wütend ist, weil ein anderer Schatzsucher mehr Glück hatte
- verzweifelt ist, weil er den Schatz nicht finden kann
- voller Hoffnung ist, den Schatz bald zu finden
- froh ist, weil er durch die Schatzsuche neue Freunde gefunden hat
- aufgeregt ist, weil er etwas Glänzendes sieht
- überrascht ist, weil die Schatzkiste so groß ist
- glücklich ist, weil er den Schatz gefunden hat
- ängstlich ist, dass jemand ihm den Schatz wegnimmt
- enttäuscht ist, weil er sich den Schatz anders vorgestellt hat
- dankbar ist, weil sein Freund ihm bei der ganzen Suche beigestanden hat …

Vorbereitung der 7. Station:

- Tücher zum Verbinden der Augen, Schatz

Vorbereitung der 8. Station (im U-Boot):

- Den Schatz schon mal (für die Kinder nicht sichtbar) bereitstellen

Ablauf

ins U-Boot einsteigen, Seefahrtsbuch vorzeigen

- Befehle eingeben (Kommandozentrale)
- Luken schließen
- Tanks füllen
- Schatzkarte benutzen
- Abtauchen
- evtl. Periskop benutzen
- Essenspause einlegen
- Tauchgang vorbereiten (imaginäre Taucherausrüstung anlegen ...)

1. **Station (Fühlkiste)**
   - die Kinder schwimmen im Raum herum und suchen Nr.1 (Fühlkiste)
   - jedes Kind darf dann einen kleinen Behälter herausfischen (bzw. die Zettel) und nach dem Öffnen den Zettel zum Vorlesen abgeben, nur auf einem steht die Aufgabe: (**„Kriecht wie eine Wasserschlange einmal um das U-Boot herum. Sucht danach nach Nr. 2“**)

2. **Station (Luftballon)**
   - Luftballon zerplatzen lassen
   - jedes Kind sucht schnell einen Zettel und zeigt ihn zum Vorlesen vor
   - Aufgabe: **„Jeder Mensch hat gute und weniger gute Eigenschaften. Sagt nun der Reihe nach eurem Nachbarn, was ihr an ihm gut findet“.**
   - die Kinder suchen nun die Nr. 3

3. **Station (Flaschenpost)**
   - Flaschenpost herausnehmen
   - **Flaschendrehen**: auf wen der Flaschenhals zeigt, versucht ein **Rätsel** zu lösen

4. **Station (Gläsertablett)**
   - Knobelaufgabe: Wasserknobelei **„Die vollen Gläser sollen alle nebeneinander stehen. Aber ihr dürft nur ein Glas berühren.“** (Beschreibung siehe weiter hinten)

5. **Station (Haiplatz)**
   - Wiederholung des Spiels **„Achtung, der Hai kommt“**
   - zwischendurch unauffällig Aufgabenzettel für Station 6 in das U-Boot legen
   - nach ein paar Runden flüchten die Kinder ins U-Boot

6. **Station (im U-Boot)**
    - Aufgabenzettel im U-Boot vorlesen und bearbeiten: **„Wie ein Schatzsucher sich fühlt"**
    - Essenspause, schlafen, mit Fernrohr nach Schatz suchen

7. **Station**
    - Augen verbinden
    - Fußboden nach Schatz abtasten, wie **Topfschlagen** ohne Holzlöffel

8. **Station (im U-Boot)**
    - Schatz ansehen, aufteilen,
    - mit dem U-Boot auftauchen und aussteigen

Zum Abschluss evtl. Seefahrerurkunden austeilen (siehe Anhang)

Schlusswort

Das Seefahrertraining bietet als Förderprogramm weitreichende Möglichkeiten. Der Kursleiter verfügt am Ende des Trainingsprogramms über ein differenziertes Spektrum an Informationen über die teilnehmenden Kinder, das es ihm ermöglicht, sie besser einzuschätzen und zu fördern, während den Kindern Spaß und Spiel, aber auch Wissensvermittlung in Form eines längerfristigen Projektes geboten werden.

Somit stellt das vorliegende Förderprogramm einen Beitrag zur Erfüllung des Bildungsauftrags dar.

Andererseits sind auch hier deutlich Grenzen festzustellen. Optimal einsetzbar als diagnostisches Instrument ist das Förderprogramm nur, wenn wenige Kinder daran teilnehmen und im günstigsten Fall ein weiterer Erwachsener die Rolle des Beobachters übernehmen kann. Anderenfalls ist der Kursleiter schnell überfordert, wenn es darum geht, die Beobachtungen zu dokumentieren und gleichzeitig das Programm fortzusetzen.

Doch auch ohne den Anspruch, alle Kinder gezielt zu beobachten, ist das Förderprogramm als Schulvorbereitung oder für jüngere Grundschulkinder als Projekt gut geeignet.

Aus eigener Erfahrung kann ich versichern, dass die Kinder viel Freude am Seefahrertraining haben und wünsche jedem, der sich an das Projekt heranwagt, ebenso viel Spaß.

Silvia Maaß

Anhang

Arbeitsmaterialien und Anregungen zum Vertiefen der Thematik

Urkunde

hat regelmäßig und erfolgreich am

Seefahrertraining

teilgenommen.

darf sich nun Wasserexperte/Wasserexpertin nennen
und wird zu künftigen Seefahrertreffen eingeladen.

Seefahrertraining

Ein Spiel- und Lernkurs

Kursleiterin: ____________________

Dieser Seefahrerhefter gehört:

____

A.2 Elterninformationen

Um die Eltern der teilnehmenden Kinder auf dem Laufenden zu halten, hat es sich bewährt, nach der Übungseinheit ein Infoblatt an die Tür oder an eine Infotafel zu hängen. Optimal wäre ein Foto unter dem Text. Das ermuntert die Kinder zu erzählen, was sie alles erlebt oder getan haben.

Alternativ kann die Kopiervorlage auch als Elterninformation in Hefter für die Kinder genutzt werden. Das erfordert jedoch einen großen Aufwand und mehr Papierverbrauch. Nachfolgend ist eine kurze Zusammenfassung für jede einzelne Übungseinheit als Kopiervorlage zu finden.

Elterninformation: Seefahrertraining

1. Einheit - Einführungsstunde

Die Kinder sollen im weitesten Sinn für das Thema „Wasser" begeistert werden.
Das Zeigen der Schatzkarte und der Ausblick auf eine gespielte Unterwasserschatzsuche sind dabei hilfreich.

Den Kindern wird erklärt, dass sie als Teilnehmer allerdings erst einmal richtig gute Wasserforscher und tüchtig trainierte Seeleute werden müssen. Daher erhalten sie ein Seefahrtsbuch, in welchem sie alle durchgeführten Übungen ankreuzen können.

Sie gestalten die erste Seite und dürfen anschließend die Schatzkarte ausmalen. Da die Kinder nun für längere Zeit eine „Mannschaft" bilden, werden folgende lustige Spiele zum besseren Kennenlernen genutzt:

- Wasserladen
- Gefangen oder durchgewutscht?
- Der Butz und die frechen Fische
- Mein rechter Platz ist leer (mit Meerestiernamen)

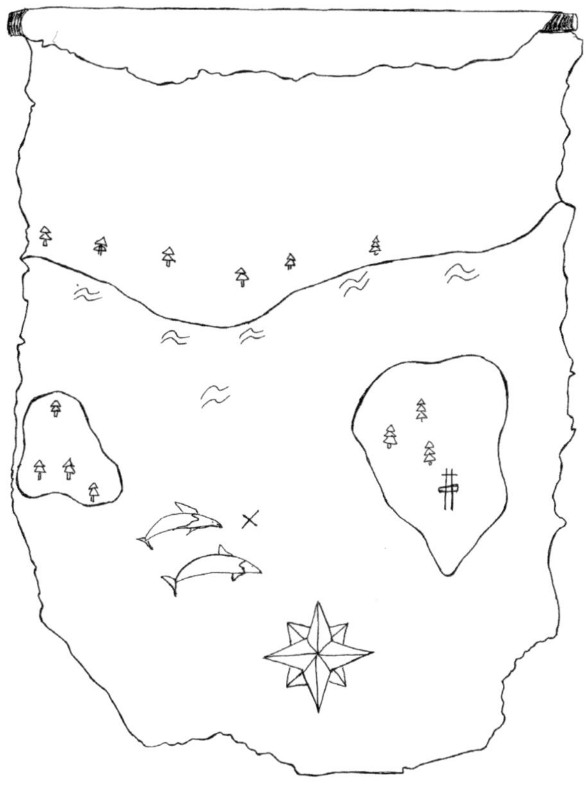

Elterninformation: Seefahrertraining

2. Einheit - Wassertraining: Fühlen und Tasten
(Übungen zur taktil-kinästhetischen Wahrnehmung)

Überall ist Wasser …
Die Kinder gehen auf eine kleine, kulinarische Entdeckungsreise und erfahren dabei, wie wichtig Wasser für alle Lebewesen ist. Anschließend werden Tastspiele und Spiele zum Körperempfinden durchgeführt. Einige Tastübungen finden für die Hände unter Wasser statt.

Übungsbeispiele:

- Gesehenes unter Wasser ertasten
- Vergleichen unter Wasser: Gleich, ähnlich oder anders?
- Der kitzelnde Delphin
- Rückenspiel: Der kleine Wal …

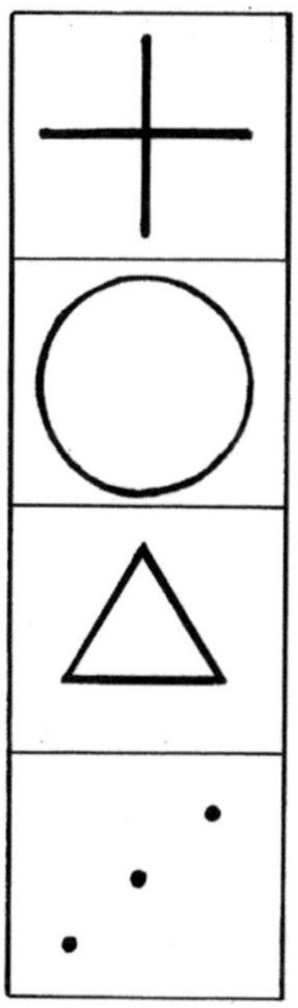

Elterninformation: Seefahrertraining

3. Einheit - Ich sehe was, was du nicht siehst
(Übungen zur visuellen Wahrnehmung)

Unter Wasser gibt es viel zu sehen. Die Kinder erfahren Wissenswertes über Fische, Seepferdchen und Seesterne. Vorher sammeln sie Sinneserfahrungen als Vorbereitung für die kommenden Übungen.

An einem Extratisch dürfen sie der Reihe nach einen Kreis und ein Oval nach Vorlage in ausgeschüttetes Salz zeichnen. In einem zweiten Durchgang versuchen sie ein Quadrat und ein Rechteck nachzuzeichnen. Es folgen spielerische Übungen aus dem Bereich der visuellen Wahrnehmung.

Übungsbeispiele:

- Schiffsrouten einzeichnen
- Fehlerbilder
- Unser Schiff
- Formensalat …

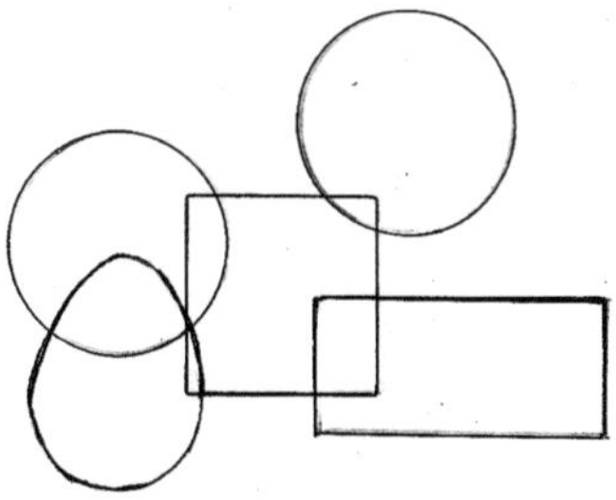

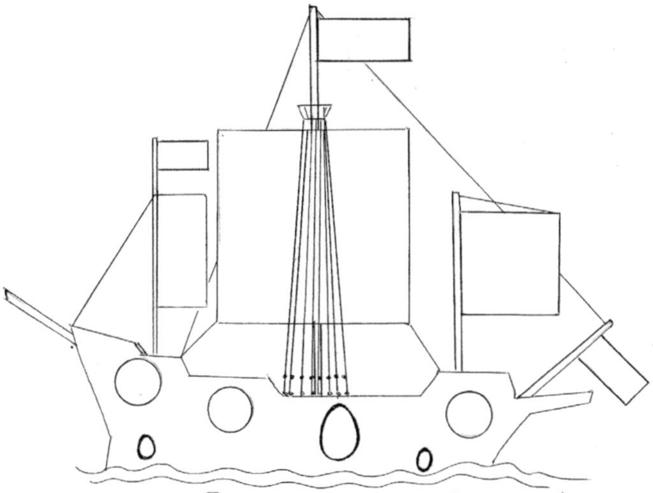

Elterninformation: Seefahrertraining

4. Einheit - Hörspiele
(Übungen zur auditiven Wahrnehmung)

Auch unter Wasser kann man hören, nur anders. Töne sind Schallwellen, die sich in der Luft anders verbreiten können als im Wasser. In mehreren kleinen Experimenten können die Kinder das testen. Außerdem nehmen sie an Spielen und Hörübungen teil, z. B.:

- „Hört ihr das Glöckchen?"
- „Wo ist der Schatz?"
- „Der Kapitän ruft seine Mannschaft"

Elterninformation: Seefahrertraining

5. Einheit - Das Wasser
(Übungen zur Aufmerksamkeitsfähigkeit)

Die Kinder erfahren, wie das Wasser auf der Erde entstanden ist und wie der Wasserkreislauf funktioniert. Zwischendurch erhalten sie Aufträge, die mit dem Thema in Verbindung stehen, z. B.:

„Nehmt euch Knete und formt damit auf einem Teller eine Landschaft aus Vertiefungen und Bergen, dann lasst es vorsichtig mit der Gießkanne auf eurem Teller regnen." Nachdem die Kinder den Wasserkreislauf bildnerisch dargestellt haben, beginnt das abschließende Spiel: „Was hat sich verändert, Kapitän?"

Elterninformation: Seefahrertraining

6. Einheit - Tauchübungen
(grobmotorische Übungen)

In dieser Einheit wird ein Phantasietauchgang durchgespielt. Eingebunden in diese Spielhandlung sind verschiedene grobmotorische Übungen.

„Wir befinden uns auf einem Boot, das uns auf das Meer gefahren hat. Gleich beginnt unser Tauchgang. Daher schlüpfen wir jetzt in unseren Taucheranzug und ziehen auch die Taucherflossen über. Dann setzen wir die Taucherbrille auf und vergessen die Pressluftflasche nicht, damit wir unter Wasser atmen können.

Seid ihr bereit?" Die Kinder springen vom Boot, tauchen durch Hindernisse durch, balancieren auf dem Meeresboden, verscheuchen einen Hai und erleben weitere Tauchabenteuer.

Elterninformation: Seefahrertraining

7. Einheit - U-Boot fahren
(Übungen zur feinmotorischen Entwicklung)

Die Kinder öffnen mit einem „Zauberstift" die Tür des U-Bootes und steigen in das mit Phantasie gebaute „U-Boot" ein. Sie erhalten dabei spielerische Aufgaben zur Überprüfung der feinmotorischen Kompetenzen.

Vorher werden Kenntnisse über U-Boote vermittelt. Die Kinder erfahren z. B., wie der Auftrieb und das Absinken eines U-Bootes funktionieren und erproben das Prinzip in einem kleinen Experiment.

Anschließend basteln sie u.a. eine Kommandozentrale und können damit andere U-Boote (Kinder) „steuern" („Links, links, geradeaus, rechts, rückwärts ..."), Fische werden gefüttert, Seekarten eingezeichnet und noch so manches mehr.

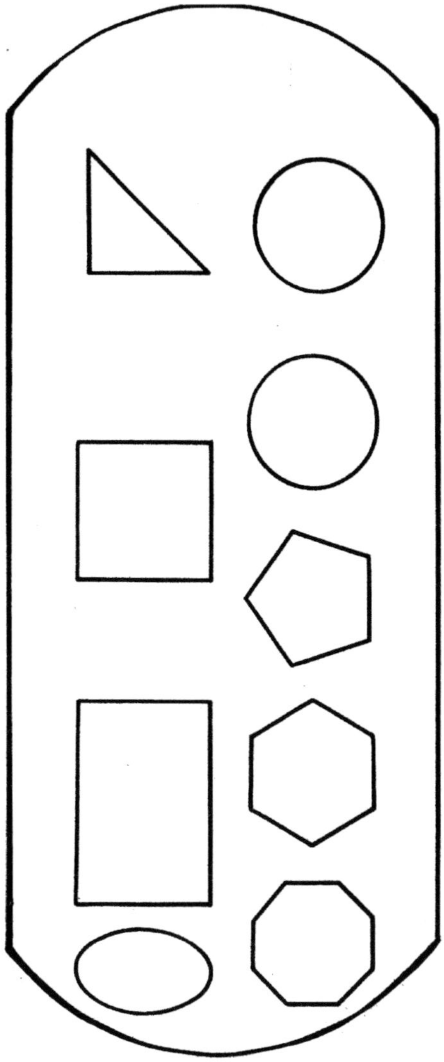

Elterninformation: Seefahrertraining

8. Einheit - Zehn Fische
(Übungen zum rechnerischen Denken)

Zu Beginn dieser Einheit lernen die Kinder etwas über Fische: Haben alle Fische Schuppen, wie atmen sie ...?

Anschließend werden die Rechenutensilien von den Kindern hergestellt (eine Unterwasserlandschaft und zehn ausgeschnittene kleine Fische). Dann operieren die Kinder mit Mengen. Sie erfassen Mengen durch Abzählen bzw. simultan, zerlegen eine Menge in zwei oder drei Teilmengen, nehmen einen groben Mengenvergleich zwischen zwei Mengen vor usw.

Das Ganze wird mit dem lustigen Abschlussspiel „Der Fischfütterer" beendet.

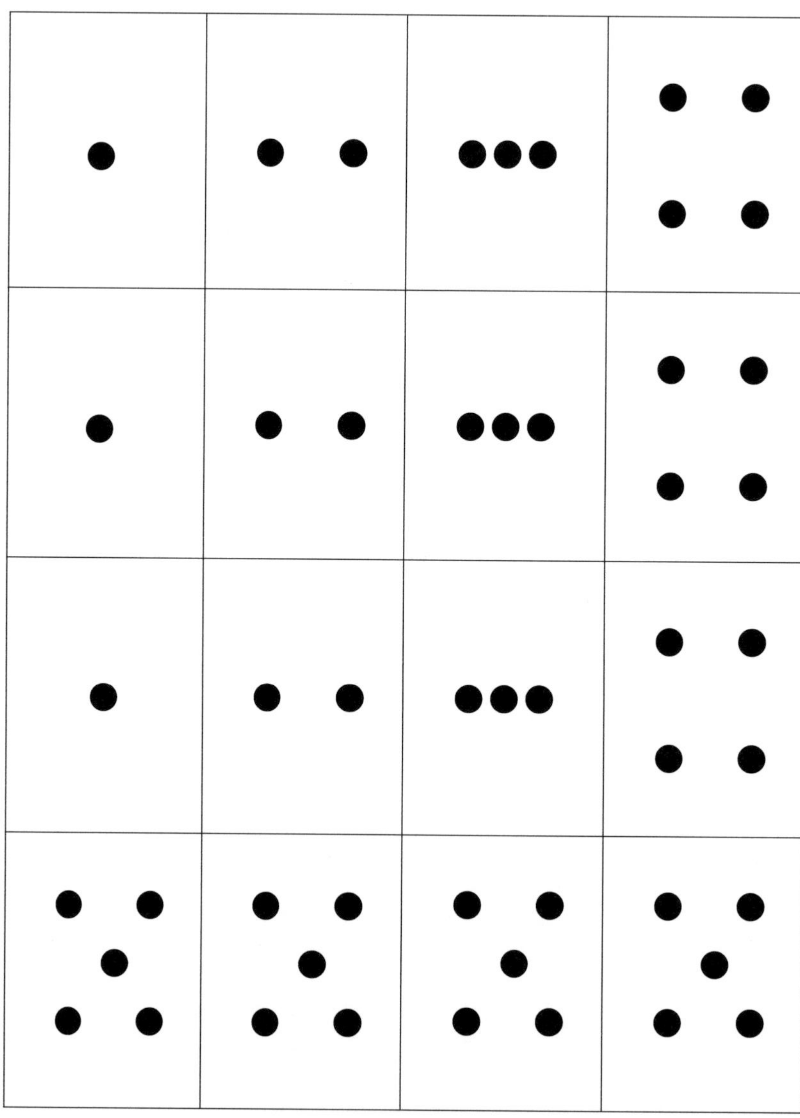

Elterninformation: Seefahrertraining

9. Einheit - Das Inselquiz
(Übungen zum produktiven Denken)

Die Kinder sind „aus Spaß" auf einer verzauberten Insel gestrandet. In Spielen und Übungen wird das produktive Denken getestet und gefördert und die Kinder erfahren ganz nebenbei etwas über Wasserpflanzen.

1. „Heiß und kalt" – Gegensätze erkennen und benennen
2. „Hier stimmt etwas nicht" – Quatschbilder – Erkennen von Sinnwidrigkeiten
3. Quiz – „Warum ...?", „Wozu ...?", „Was passiert, wenn ...?"
4. „Was muss raus?" – logisches Denken ...

Beendet wird diese Einheit mit dem lustigen Spiel „Die fleischfressenden Pflanzen."

Elterninformation: Seefahrertraining

10. Einheit - Wer kann was erzählen?
(Übungen zur sprachlichen Entwicklung)

Eine Phantasiereise auf einem Dampfer gestattet es den Kindern, ihre sprachlichen Kompetenzen unter Beweis zu stellen. Sie übernehmen eine Rolle der Schiffsbesatzung. So lernen sie spielerisch etwas über den Arbeitsalltag der Seeleute.

Es wird geübt, Reime zu finden, Namen zu klatschen, Laute zu artikulieren, grammatikalische Fehler zu erkennen usw.

Elterninformation: Seefahrertraining

11. Einheit - Gedächtnisprofis
(Gedächtnisübungen)

Die Kinder erleben in einem kleinen Experiment, warum Schiffe schwimmen. Außerdem erweitern sie ihr Wissen über Schiffe und trainieren ihr Gedächtnis mit Hilfe kleiner Spiele.

1. Was fehlt?
   Die Kinder stellen die Gegenstände in Vierer-Gruppen auf.
   Sie benennen die Oberbegriffe. Ein Kind kriecht unter den Tisch.
   Ein anderes Kind darf nun einen Gegenstand entfernen. Das erste Kind versucht schnell herauszufinden, was fehlt.

2. „Auf meiner Schiffsreise sehe ich …!"
   Abwandlung des Spiels: „Ich packe meinen Koffer …"
   „Auf meiner Schiffsreise sehe ich einen Wal."
   Das nächste Kind: „Auf meiner Schiffsreise sehe ich einen Wal und eine Welle …"

3. Welcher Fisch ist es?
   Fischkarten werden bunt ausgemalt und für ein Gedächtnisspiel mit Hindernisstrecke (Parcours) verwendet.

4. „Der Tastbeutel" bildet den Abschluss.

A. 3 Arbeitsblätter

Arbeitsblatt 1-1

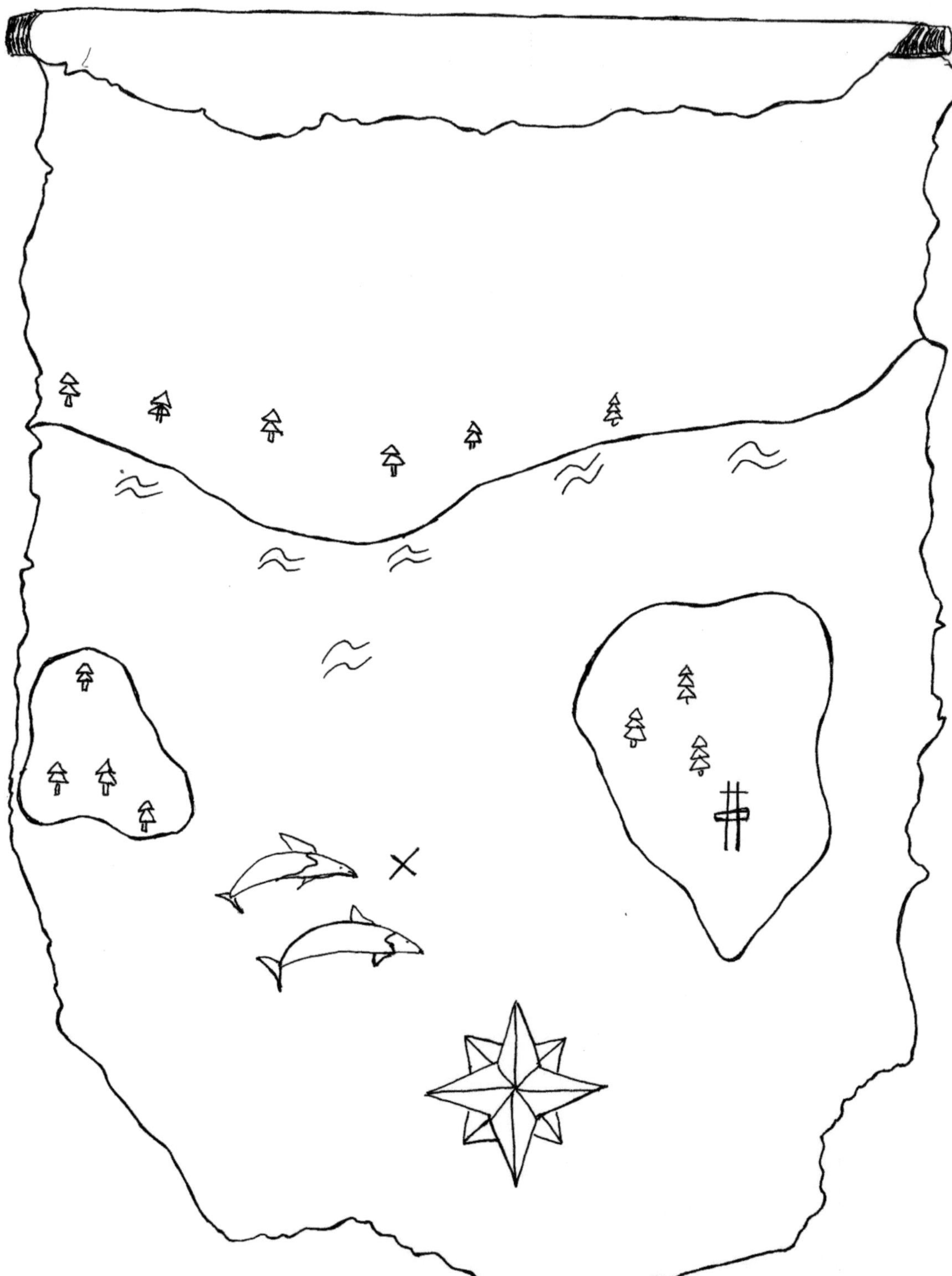

Arbeitsblatt 2-1

Kreis - Oval

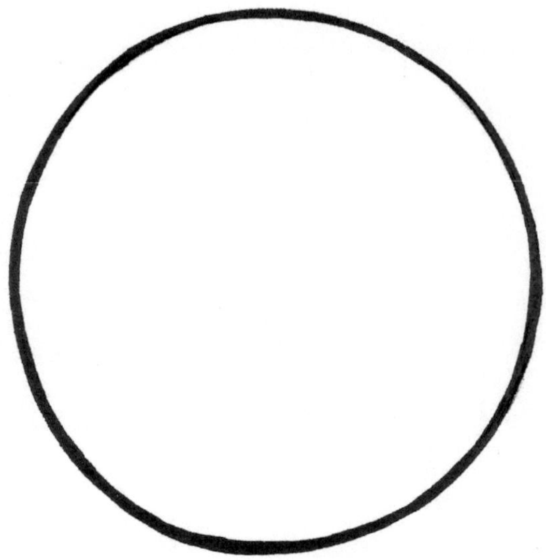

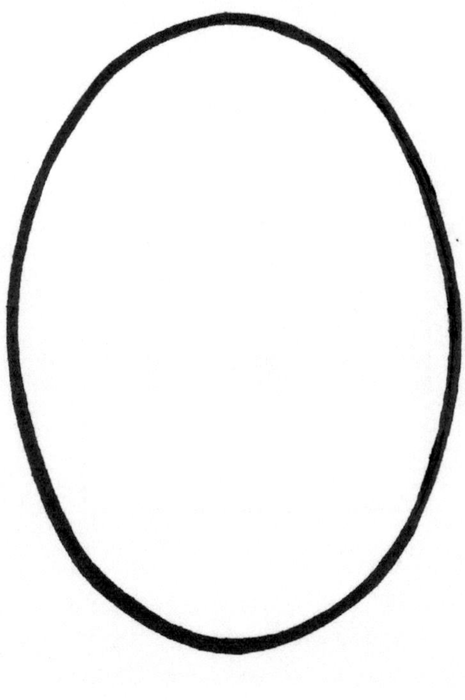

Quadrat - Rechteck

Arbeitsblatt 3-1

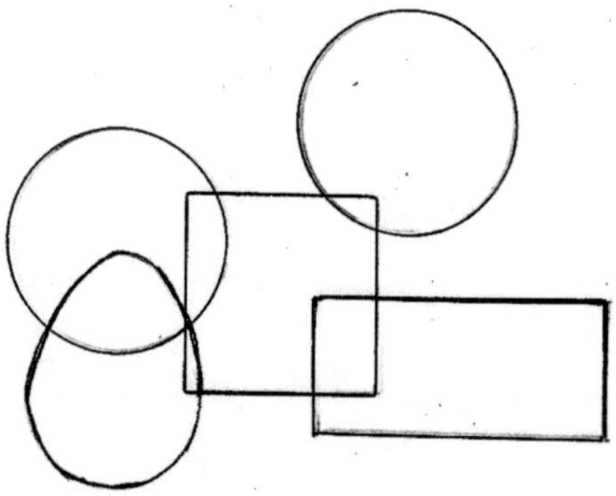

Arbeitsblatt 3-2

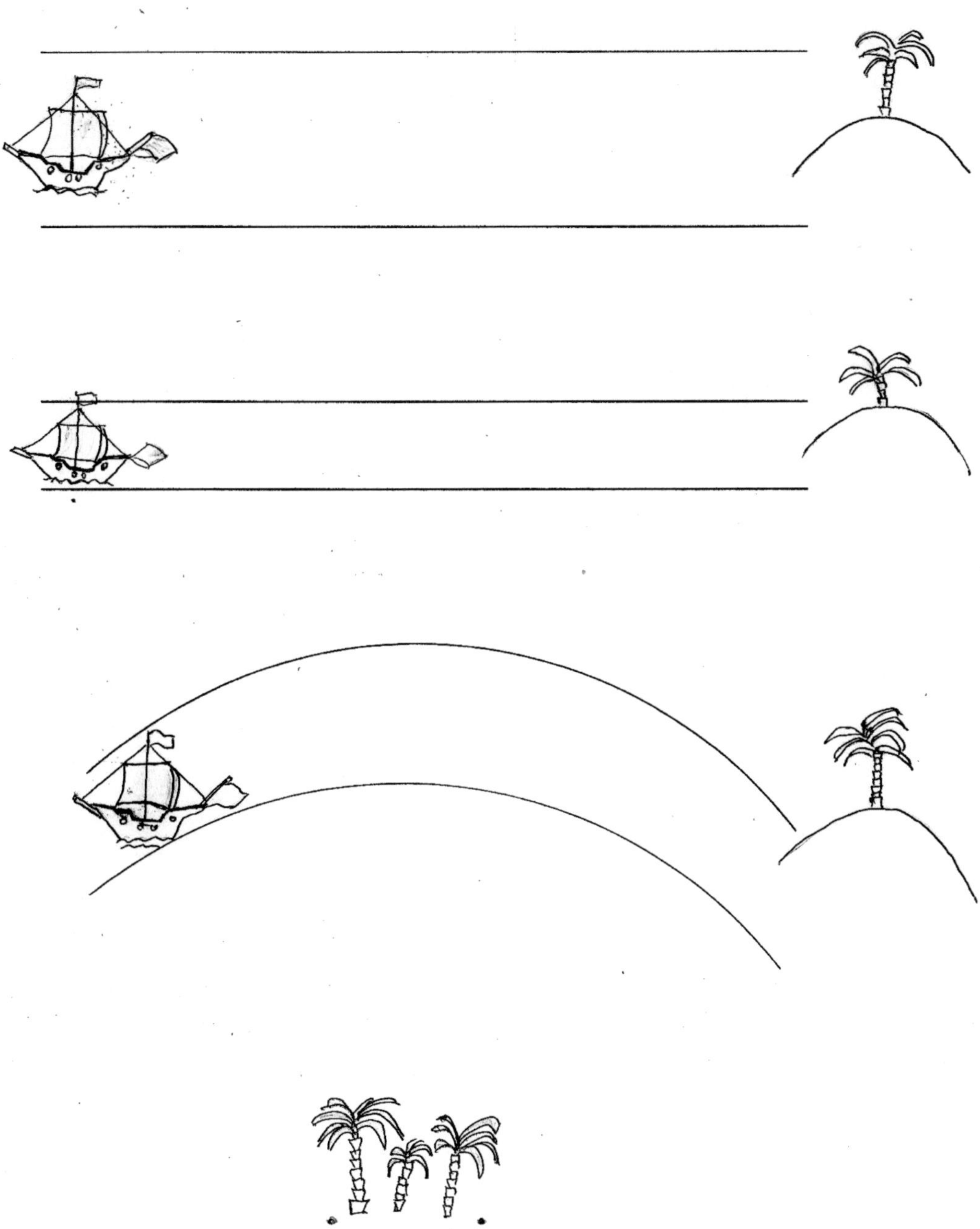

Arbeitsblatt 3-3

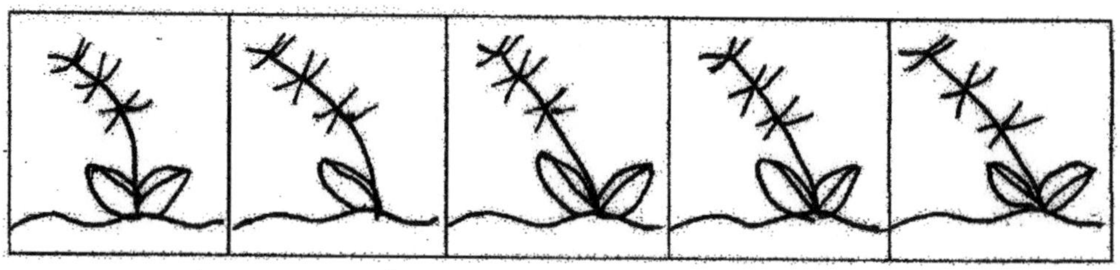

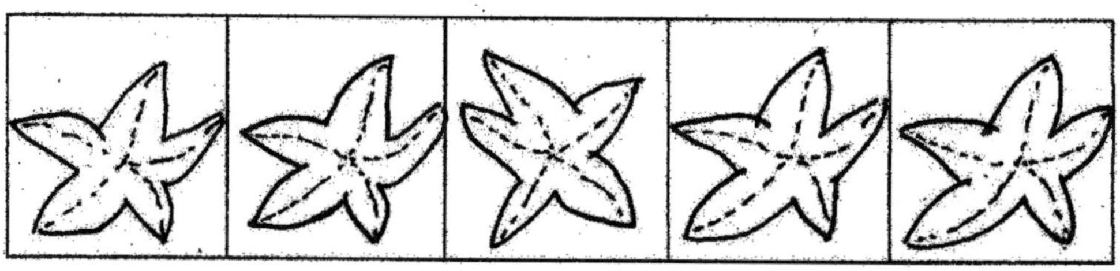

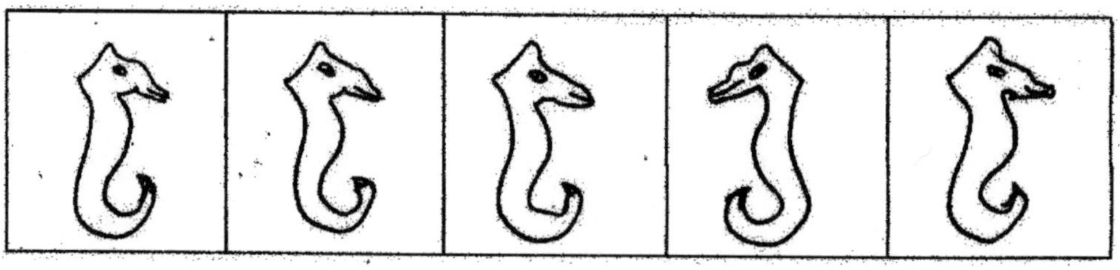

Arbeitsblatt 3-4

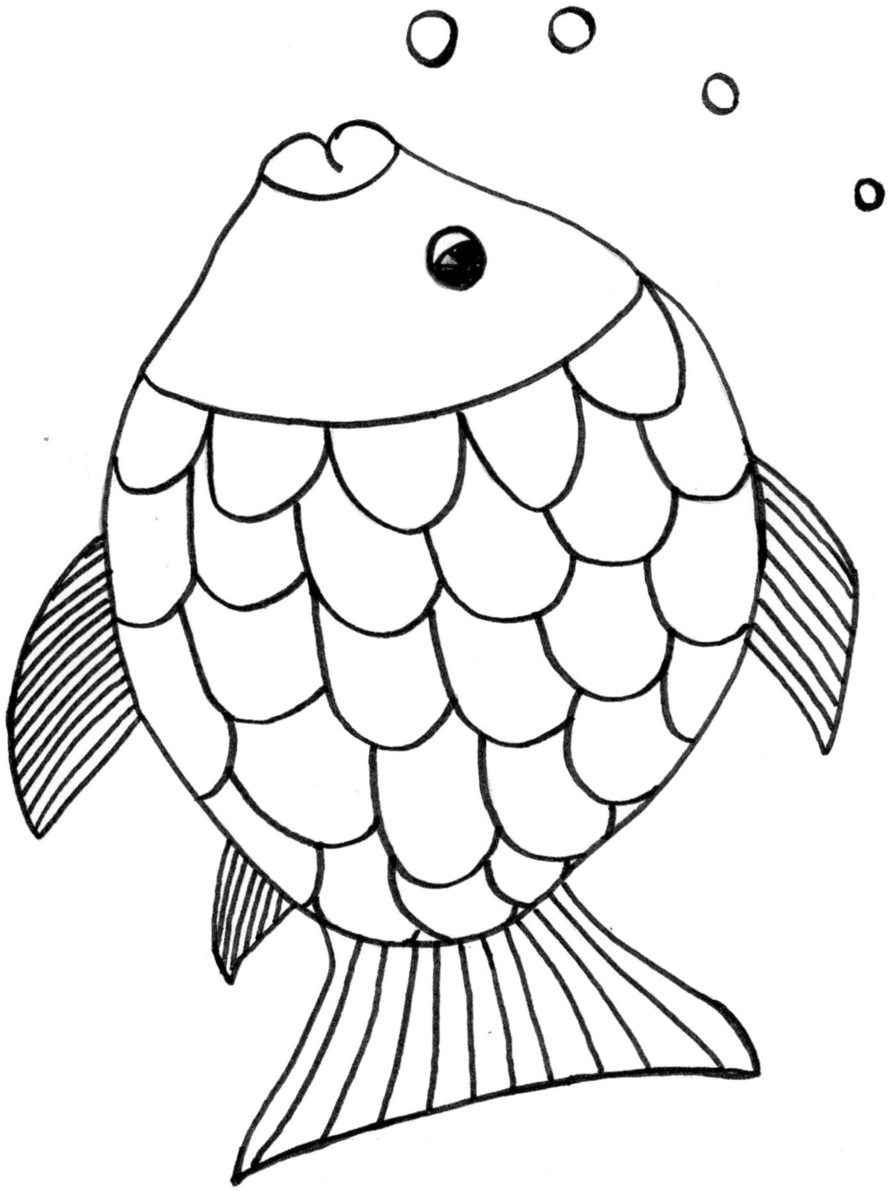

Arbeitsblatt 3-5

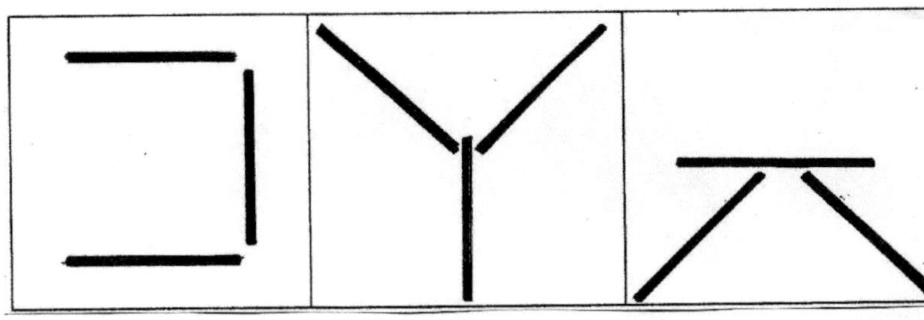

Arbeitsblatt 3-6

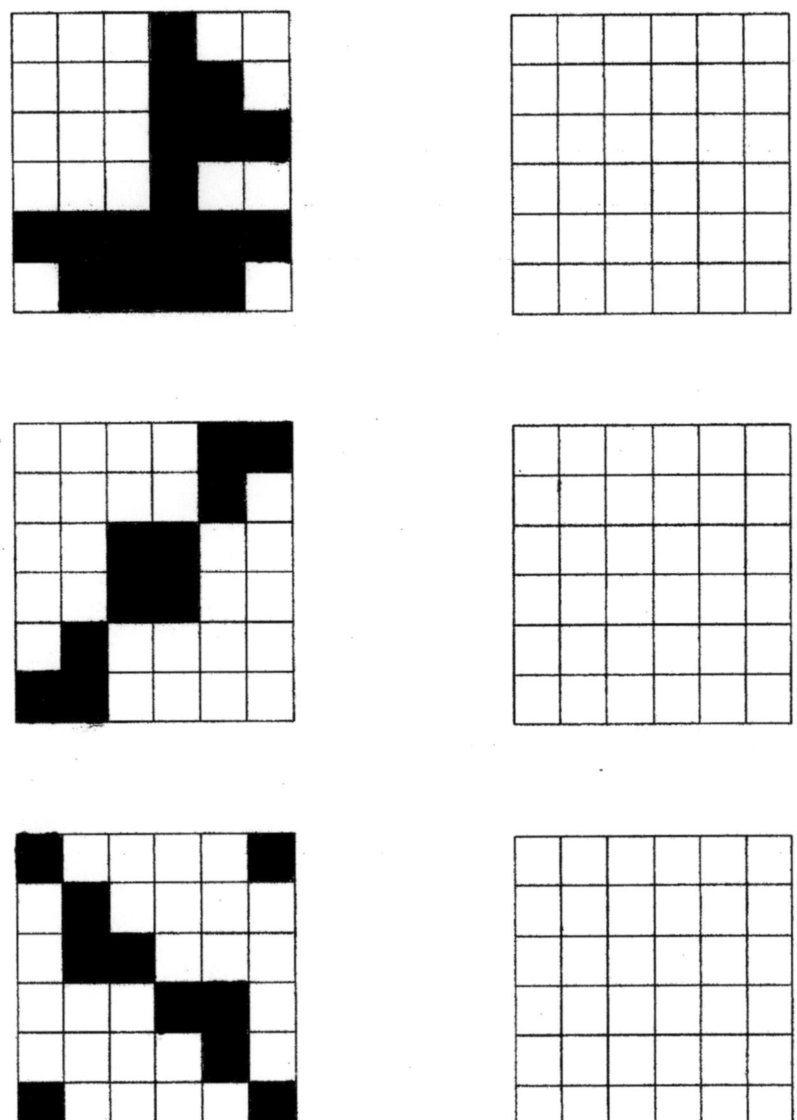

Arbeitsblatt 7-1

Abeitsblatt 7-2

U-BOOT 016

Arbeitsblatt 7-3

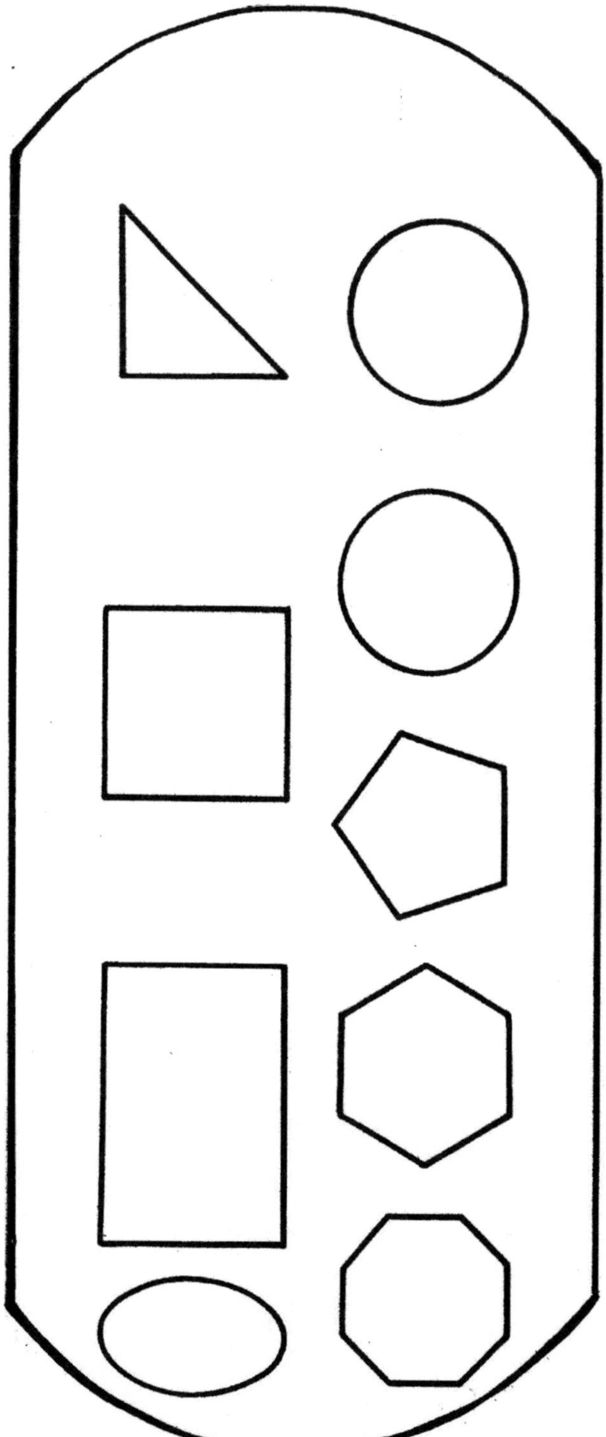

Arbeitsblatt 7-4

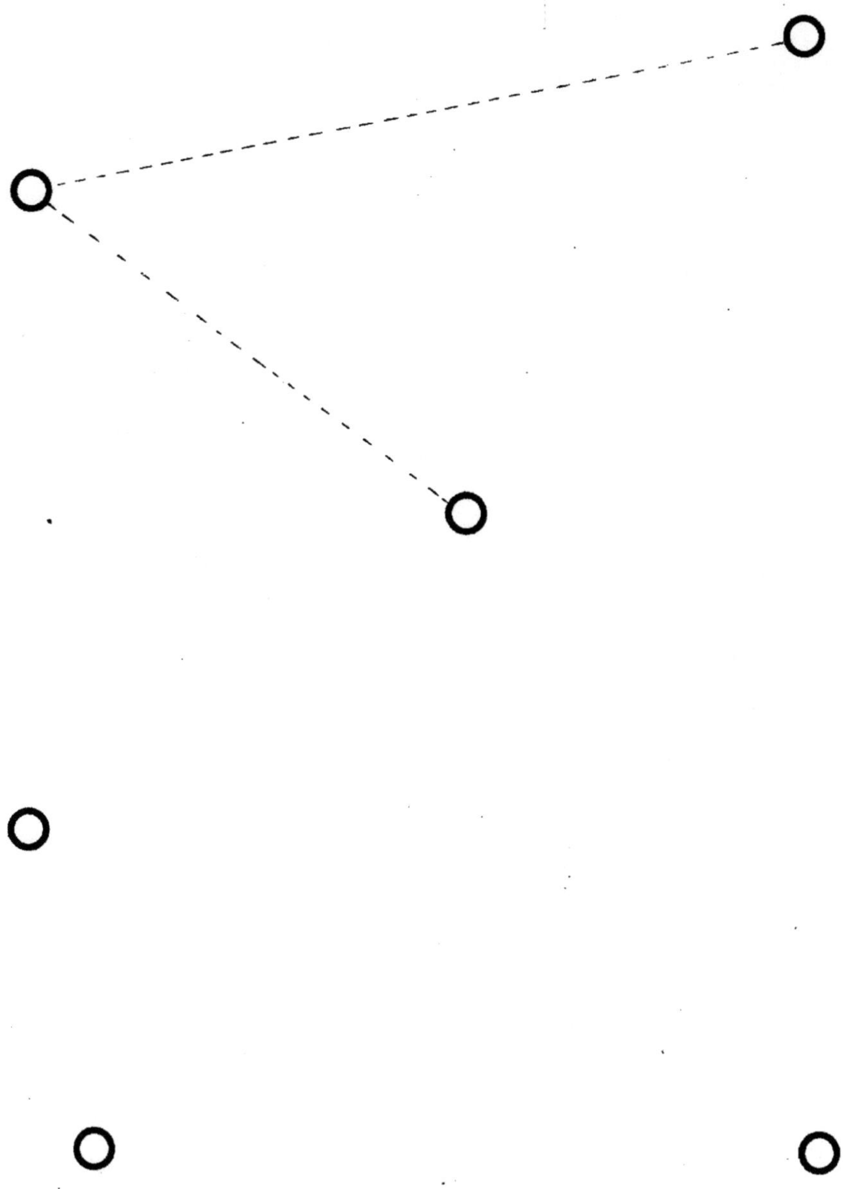

Arbeitsblatt 8-1

Arbeitsblatt 8-2

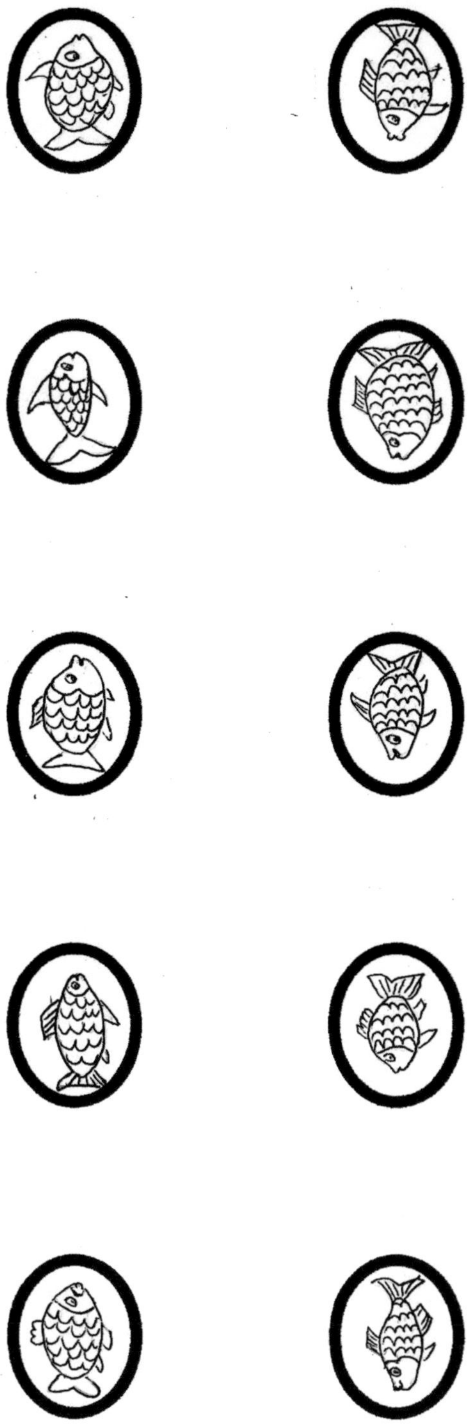

Arbeitsblatt 8-3

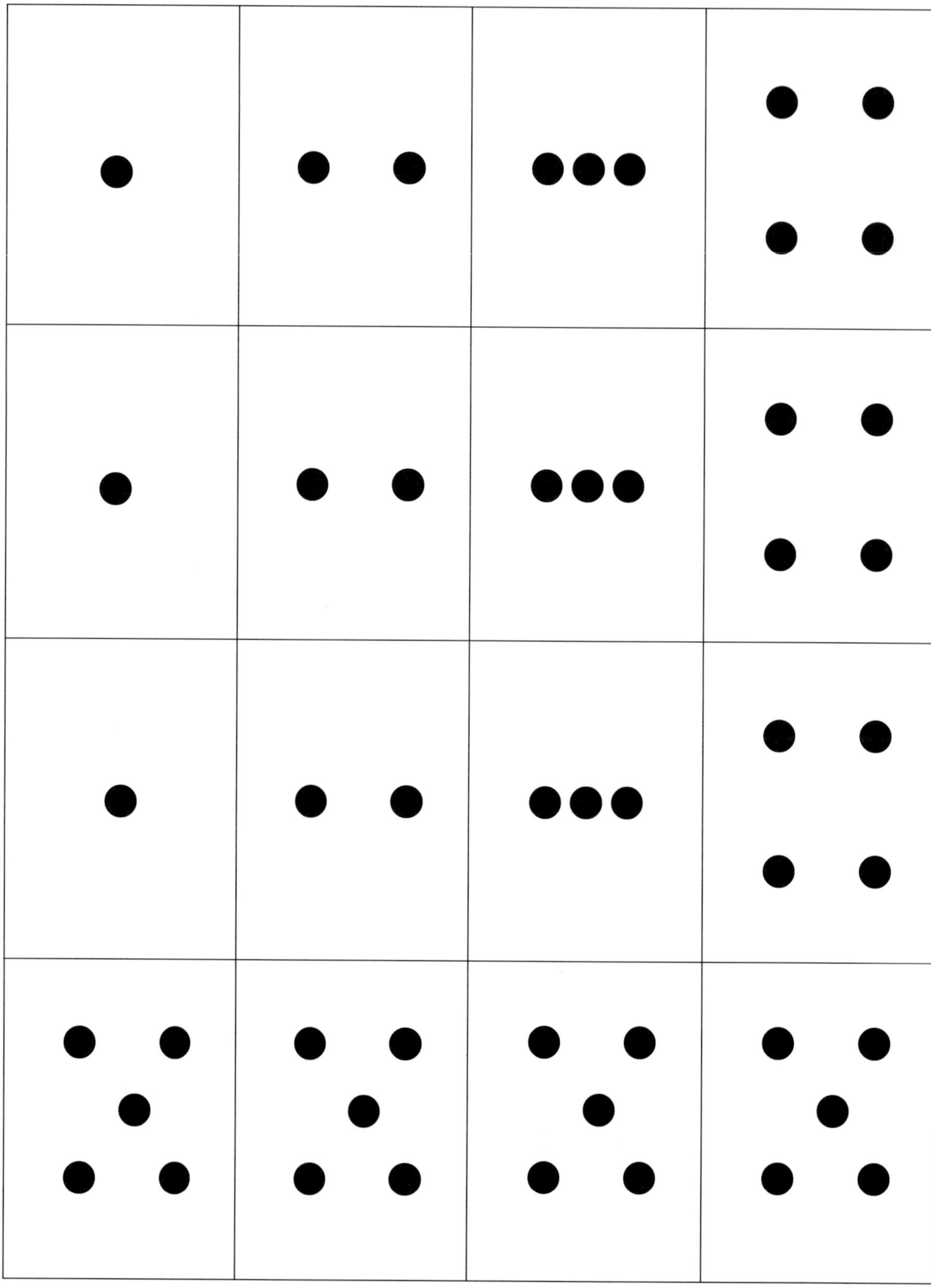

Arbeitsblatt 9-1

Arbeitsblatt 9-2

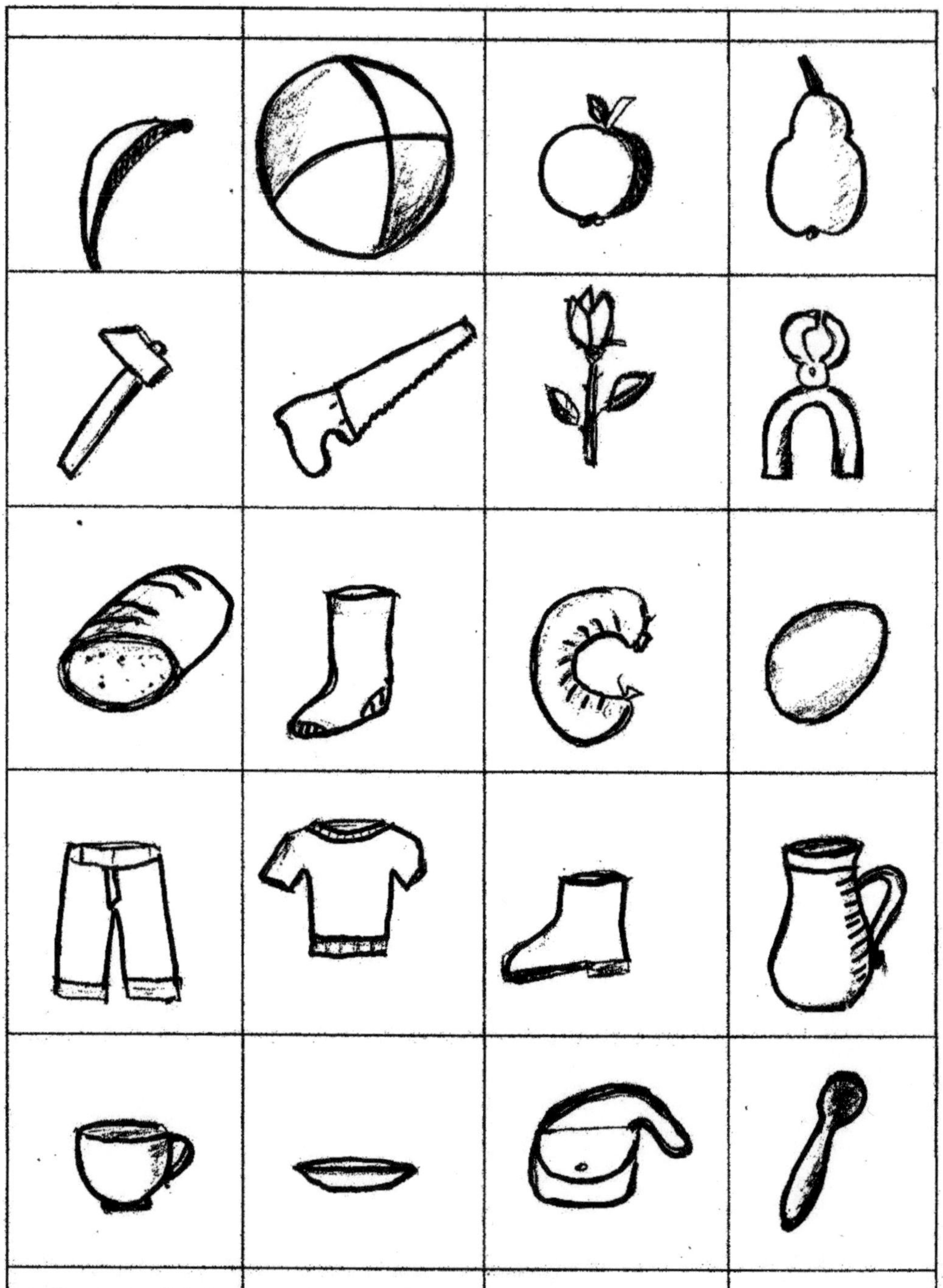

Arbeitsblatt 11-1

A. 4 Experimente

Unterwasservulkan

Material

- großes, möglichst transparentes Gefäß (z. B. Plastikschüssel), gefüllt mit kaltem Wasser
- kleine Vase (muss heißes Wasser aushalten können), die stabil stehen kann (evtl. bauchig, sollte sich nach oben hin aber wieder verjüngen)
- rote Lebensmittelfarbe oder Tusche
- heißes Wasser

Vorgehensweise

- Das große Gefäß mit kaltem Wasser wird vor die Kinder gestellt.
- Der Kursleiter füllt heißes Wasser und etwas rote Farbe in die kleine Vase (Vorsicht vor Verbrühung).
- Die Vase wird langsam in das große Gefäß hinabgelassen und die Kinder beobachten, was passiert.

Gewünschte Beobachtung

Das rote Farbwasser steigt nach und nach an die Wasseroberfläche und erzeugt die Illusion eines ausgebrochenen Vulkans.

Erklärung

Warmes Wasser ist leichter als kaltes, daher steigt das warme Wasser solange nach oben, bis es sich abgekühlt hat. Erst dann vermischt sich das Farbwasser mit der restlichen Flüssigkeit.

Hat Wasser eine Haut? (Experiment I zur Oberflächenspannung)

Material

- Schüssel mit Wasser
- Büroklammern
- Gabel
- Toilettenpapier
- verschiedene kleine Gegenstände (Nadeln, Nägel, Schrauben ...)

Verlauf

„Glaubt ihr, dass eure Büroklammer schwimmen kann?"

- Die Kinder lassen nacheinander eine Büroklammer zu Wasser und beobachten, was passiert - die Büroklammer geht vermutlich unter.
- Sie versuchen zu ergründen, warum das so ist.
- „Ich zeige euch jetzt einen Trick, wie die Büroklammer doch schwimmen kann."
- Die Büroklammer wird auf eine Gabel gelegt und ganz vorsichtig zu Wasser gelassen.
- Tatsächlich schwimmt sie nun.
- Ganz wichtig: Die Büroklammer und die Gabel müssen trocken sein.

Kindgerechte Erklärung zur Oberflächenspannung (als Grundlage auch für die folgenden Experimente zur Oberflächenspannung)

- Das Wasser besteht aus winzigen Teilchen. Wie Freunde halten sie sich gegenseitig fest. Jeder klammert sich an seinen Nachbarn. Die oberen Teilchen haben keinen Freund über sich. Sie halten sich also besonders eng an den anderen Nachbarn fest.
- Die Wasseroberfläche ist nun also gespannt (wir können auch Oberflächenspannung dazu sagen).
- Deshalb besitzt die Wasseroberfläche eine besondere Festigkeit. Man könnte sich das wie eine Wasserhaut vorstellen.
- Manche Tiere können sogar auf dieser Haut laufen, z. B. Wasserläufer oder leichte Libellen.
- Die kleinen Teilchen nennt man auch Wassermoleküle.

Erklärung zu unserem speziellen Experiment

Die Gabel durchbricht die Oberflächenspannung. Die kleinen Freunde (Wassermoleküle) lassen sich also kurz los, fassen sich aber danach gleich wieder an. Die Wasseroberfläche ist nun wieder fest genug, um die Büroklammer zu tragen.

Kinder experimentieren weiter

- Kann auch eine Nadel, die wir mit Hilfe der Gabel ins Wasser legen, schwimmen?
- Wie sieht es mit anderen kleinen Dingen aus (z. B. ein Nagel, eine Schraube ...)?
- Ab wann ist ein Gegenstand zu schwer, um auf der Wasseroberfläche zu treiben?
- Die Kinder variieren das Experiment weiter, indem sie erst ein Stück Toilettenpapier ins Wasser legen und dann darauf die Büroklammer. Was geschieht? Das Papier saugt sich voll und geht unter, die Büroklammer bleibt oben.

Der Hai und die Fische (Experiment II zur Oberflächenspannung)

Material

- Schüssel mit Wasser oder tiefer Teller
- Pfeffer
- Spülmittel
- Paprikapulver und / oder andere Gewürze
- mehrere Wasserschüsseln zum Weiterexperimentieren

Verlauf

- In eine Schüssel wird etwas Pfeffer gestreut (das sind die Fische).
- Gleich kommt der Hai und alle Fische schwimmen sofort weg (der Hai ist unser Finger, der mit etwas Spülmittel benetzt wurde).
- Tatsächlich streben die Fische (der Pfeffer) blitzschnell vom Finger weg.

Kindgerechte Erklärung zur Oberflächenspannung (siehe auch Experiment I: Hat Wasser eine Haut?)

- Das Wasser besteht aus winzigen Teilchen. Wie Freunde halten sie sich gegenseitig fest. Jeder hält seinen Nachbarn fest. Die oberen Teilchen, die wir auch Moleküle nennen, haben keinen Freund über sich.
- Sie halten sich besonders eng an den anderen Nachbarn fest. Daher besitzt die Wasseroberfläche eine besondere Festigkeit. Man könnte sich das wie eine Wasserhaut vorstellen. Manche Tiere können sogar auf dieser Haut laufen (z. B. Wasserläufer oder leichte Libellen).
- Diese Festigkeit wird durch Spülmittel zerstört.

In unserem Experiment geschieht Folgendes:

- Dort, wo Spülmittel ins Wasser gelangt, ist die Wasserhaut nicht mehr fest - die Oberflächenspannung ist zerstört.
- Die kleinen Teilchen – Wassermoleküle – können sich nicht mehr festhalten.
- Nur die äußeren Teilchen sind noch in der Lage, die anderen Teilchen anzuziehen.
- Sie ziehen - und der Pfeffer wird automatisch mit nach außen gezogen.

Kinder experimentieren weiter

- Nach der Erklärung können die Kinder ausprobieren, ob auch ihnen das Experiment gelingt.
- Sie probieren, ob das gleiche Phänomen auch bei Verwendung von Paprikapulver oder anderen Gewürzen sichtbar ist und formulieren ihre Vermutungen bzw. ihre Erklärungen beim Scheitern.

Wetttauchen (Experiment III zur Oberflächenspannung)

Material

- Kaffeefiltertüten
- Stifte
- Scheren
- zwei Schüsseln gefüllt mit Wasser
- Spülmittel

Verlauf

- In eine der mit Wasser gefüllten Schüsseln wird, von den Kindern unbemerkt, etwas Spülmittel hineingegeben.
- Jeder, auch der Kursleiter, faltet ein Stück Filterpapier in der Mitte und zeichnet eine einfache Taucherfigur von etwa fünf Zentimetern Länge auf.
- Die Figur wird ausgeschnitten, es entstehen - da das Papier gefaltet war - zwei identische Figuren.
- Der Erwachsene nimmt zuerst seine beiden Figuren:
- „Diese beiden Taucher werden gleich um die Wette tauchen - jeder in einer anderen Schüssel. Welcher wird wohl als Erster unten sein?"
- Die Kinder äußern ihre Vermutung.
- Anschließend dürfen die Kinder nacheinander ihre beiden Figuren in je einer Schüssel tauchen lassen.
- Irgendwann stellen die Kinder allein oder mit etwas Hilfe fest, dass es immer das gleiche Gefäß ist, in dem die Taucher schneller auf den Boden gesunken sind.
- Nun wird es Zeit, das Geheimnis zu lüften.

Erklärung

In einer Schüssel ist Spülmittel, in der anderen nicht. Das Spülmittel macht, dass sich der Papiertaucher eher voll Wasser saugt, er ist nun schwerer und sinkt daher schneller als der andere Taucher. Auch hier geht es wieder um die Oberflächenspannung, die durch das Spülmittel zerstört wird.

Experiment zum Wasserdruck: Wettspritzen

Material

- leere große Plastikflasche (z. B. 1,5 l)
- evtl. kleinere Flasche
- Wasser
- Nadel oder Reißzwecke
- durchsichtige Klebestreifen
- größere Schüssel zum Auffangen des Wassers (falls das Experiment nicht im Freien oder auf dem Rand einer Badewanne durchgeführt wird)
- Tisch oder Stuhl
- evtl. für jedes Kind eine kleinere Plastikflasche für eine abschließende Wasserschlacht

Verlauf

- Drei bis vier Zentimeter vom Flaschenboden entfernt muss mit der Nadel ein Loch in die Flasche gestochen werden.
- Das zweite Loch (gleich groß) folgt in 18-20 Zentimetern Abstand.
- Klebestreifen verschließen die Löcher.
- Die mit Wasser gefüllte Flasche soll nun auf dem Tisch oder Stuhl (bzw. Badewanne) stehen.
- Die Kinder werden ermutigt, Vermutungen anzustellen und zu begründen (aus welchem Loch wird das Wasser weiter spritzen und warum?).
- Nachdem die Klebestreifen entfernt wurden, können die Kinder mit eigenen Augen beobachten, ob sie recht haben: Der untere Strahl reicht weiter.

Erklärung

Das Gewicht des Wassers übt Druck auf den unteren Bereich aus. Wasser lässt sich nicht zusammendrücken, also muss es aus dem Loch strömen. Da oben weniger Druck herrscht als unten, ist der obere Strahl auch nicht so stark wie der untere.

Kinder experimentieren weiter

- Was passiert, wenn wir die Flasche erneut füllen und verkehrt herum aufstellen (oder festhalten)?
- Was geschieht, wenn wir zwischen die beiden Löcher noch ein drittes hineinstechen?
- Was ist zu beobachten, wenn wir die Flasche einfach hinlegen? (Der Druck von oben ist so gering, dass das Wasser - wenn überhaupt - aus allen Löchern gleichmäßig nur noch herauströpfelt.)
- Was passiert, wenn wir selbst Druck ausüben und die Plastikflasche zusammendrücken?
- Funktioniert der Trick auch bei kleineren Flaschen, wenn nicht, warum? (Weil der Abstand der Löcher nicht groß genug ist und der Druck des Wassers auf den unteren Bereich nicht ausreicht.) …

Krönender Abschluss

Bei schönem Sommerwetter wären die Kinder sicher begeistert über eine abschließende Wasserschlacht, indem jedes Kind eine Plastikflasche erhält, ein Loch hineinsticht, mit Wasser füllt und loslegt.

Wo ist denn das Salz geblieben?
(Experiment zur Wasserlöslichkeit)

Material

- zwei Gläser
- warmes Wasser
- Gummis zum Markieren des Wasserstandes an den Gläsern
- Teelöffel
- Sand, Salz und Zucker

Ablauf

- Ein Glas wird etwa zur Hälfte mit warmem Wasser gefüllt.
- Ein Kind markiert den Wasserstand (Wasserspiegel) mit einem Gummi, der um das Glas gezogen wird.
- „Wir werden gleich diesen Sand löffelweise ins Glas füllen. Was denkt ihr, passiert dabei?"
- Die Kinder geben nacheinander je einen Löffel Sand in das Glas und beobachten, wie der Wasserspiegel steigt und steigt …
- „Nun probieren wir das Gleiche mit dem Salz. Was wird eurer Meinung nach geschehen?"
- Das zweite Glas wird mit Wasser gefüllt und markiert.
- Die Kinder geben löffelweise Salz hinein und verrühren immer wieder zwischendurch die Flüssigkeit.
- „Nanu, wo ist denn das Salz geblieben?"

Erklärung

- „Wenn ihr ein bisschen Salz auf die Hand streut, könnt ihr einzelne Salzkörner sehen und fühlen. Diese Körner bestehen aus vielen kleinen Teilchen. Kommt Wasser ins Spiel, so bröckeln die kleinen Teilchen vom Salzkorn ab.
- Stellt euch nun das Wasser so vor, als wären zwischen den Wasserteilchen Lücken, also Hohlräume. Die kleinen Salzteilchen passen dort wunderbar hinein. Sie können sich da verstecken, ohne dass der Wasserspiegel steigt.
- Erst wenn keine Lücke mehr frei ist, kann das Wasser kein Salz mehr auflösen und der Wasserspiegel steigt dann doch.
- Bei Sand ist es anders: Es besteht aus Teilchen, die so fest miteinander verbunden sind, dass Wasser sie nicht trennen kann.
- Außerdem sind sie für die Hohlräume zu groß. Sie passen nicht in die Lücken und deshalb verdrängt der Sand das Wasser. Der Wasserspiegel steigt."

Kinder experimentieren weiter

Was passiert, wenn Zucker in das Wasser gefüllt wird? Der Zucker löst sich auch auf, da die Teilchen aber etwas größer sind, steigt der Wasserstand etwas.

A.5 Kreativvorschläge

Basteln - der Fisch mit dem sich bewegenden Schwanz

Material

- farbiges Tonpapier oder Tonkarton DIN A 4
- weißes Zeichenblatt oder helles Tonpapier
- Buntstifte, Tusche oder Kreidemalstifte
- Scheren
- Klebstoff
- Schablone Fisch (siehe Kopiervorlage)

Vorgehensweise

- Schablone auf weißem Blatt oder hellem Tonpapier abzeichnen
- Fisch gestalten
- Fisch ausschneiden und auf Tonpapier kleben (außer den Schwanz, dieser muss klebstofffrei bleiben)

Besonderheiten

- Der Schwanz lässt sich nun bewegen.
- Wenn man ihn umklappt, kann man einen Text (z. B. für eine Einladung) unterbringen.

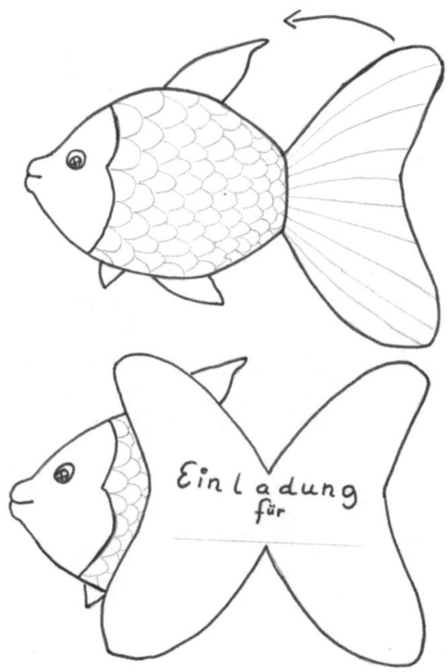

Bildgestaltung - Der Schwan auf dem Wasser

Material

- Papiertaschentücher
- schwarzer Karton oder schwarzes Papier auf Pappe geklebt
- Klebstoff
- Schere
- Bleistift
- blaues Papier, etwas rotes Papier
- evtl. gelber Buntstift oder gelbes Papier für die Sonne

Vorgehensweise

- mit dem Bleistift Konturen des Schwanes auf das schwarze Papier zeichnen
- Papiertaschentuch in kleine Stücke reißen und diese aufkleben
- roten Schnabel ausschneiden und aufkleben
- mit blauem Papier Wasser gestalten
- evtl. Sonne malen oder hineinkleben

Besonderheiten

- Der Schwan wirkt sehr plastisch, besonders wenn mehrere Schichten Taschentücherschnipsel übereinander geklebt werden.
- Statt der Papiertaschentücher können auch bunte Servietten Verwendung finden, z. B. für bunten Fisch.

Kreatives Gestalten - Kreidetechnik - Qualle

Material

- dunkelblaues oder schwarzes Tonpapier ca. DIN A 4
- weiße oder evtl. hellblaue Tafelkreide
- ein weißes Blatt Papier
- Schwamm

Vorgehensweise

- Mit der Kreide malen die Kinder derbe Striche auf das weiße Papier, sodass viele Kreidekrümel an der Oberfläche liegen bleiben.
- Mit dem Schwamm werden die Kreidekrümel aufgenommen und nun kann die Qualle damit auf das Tonpapier gemalt werden.
- Helle Effekte entstehen, wenn man zwischendurch statt mit dem Schwamm auch Kreidestifte zum Einsatz bringt.
- An geeigneten Stellen kann die Kreide mit dem Finger auf dem Tonpapier verwischt werden.

Besonderheiten

Es entstehen bei dieser Technik transparente Bilder, die sich vorzüglich für die Gestaltung von Quallen oder auch Seifenblasen usw. eignen.

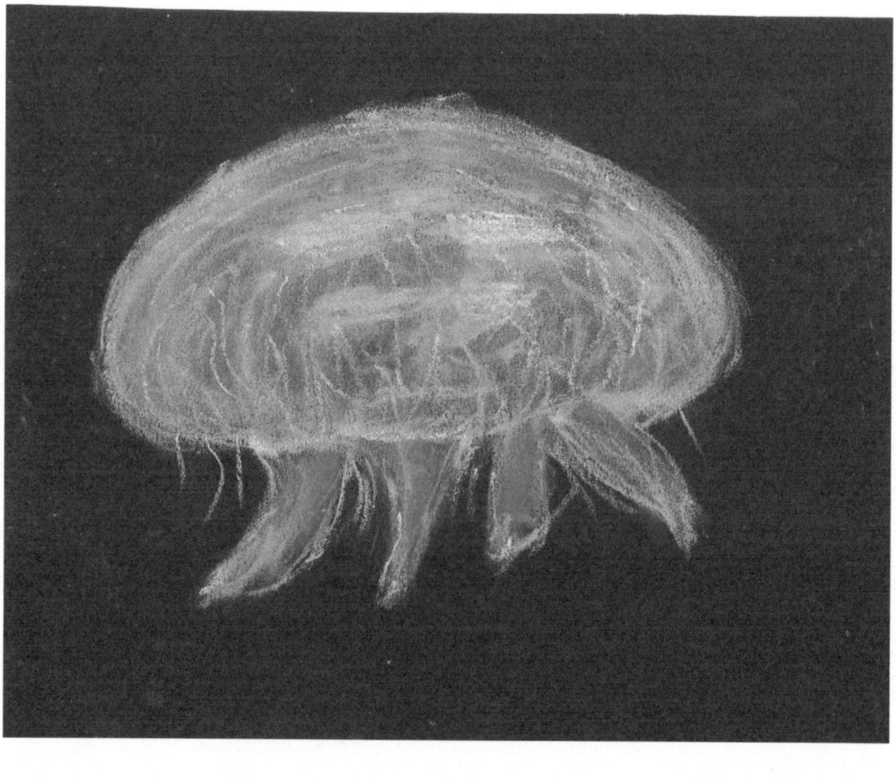

Basteln - Aquarium im Pappkarton

Material

- Pappkarton
- Schere
- Tonpapier oder Tonkarton
- Tuschfarben
- Pinsel
- Trinkhalme oder Zahnstocher oder Stöckchen
- Nadel und Zwirn
- Klebstoff

Vorgehensweise

- eine Seite des Pappkartons herausschneiden
- Fische und andere Wasserbewohner (z. B. Muscheln, Seepferdchen …) ausschneiden, bemalen und mit Hilfe der Nadel an Zwirnfäden hängen
- Wasserpflanzen bemalen und ausschneiden
- Pappkarton farbig gestalten und die Wasserpflanzen hineinkleben
- in die obere Seite des Kartons Schlitze hineinschneiden
- Zwirnfäden durch die Schlitze führen und außerhalb des Kartons an ein Stück Trinkhalm o. Ä. festknoten, sodass man die Wasserbewohner, die unten an den Fäden hängen, bewegen kann.

Besonderheiten

Das Aquarium kann sehr kreativ von den Kindern gestaltet werden. Es eignet sich sowohl als Gemeinschaftsarbeit, als auch für eine individuelle Bastelarbeit.

Strandbild

Material

- Tonkarton oder Pappe
- Doppelseitiges Klebeband
- heller, feiner Sand
- kleine Muscheln, Steinchen, evtl. getrocknete Gräser …

Vorgehensweise

- Unterlage (Tonkarton oder Pappe) durchweg mit doppelseitigem Klebeband bekleben
- auch die obere Folie von dem Klebeband abziehen
- Sand darauf streuen und andere Materialien auf dem Klebefilm befestigen
- Rand kann als Rahmen gestaltet werden

Besonderheiten

Schon sehr kleine Kinder können mit etwas Hilfe ein schnelles und schönes Ergebnis erzielen.

Zitronenfisch (Duftfisch als Tischschmuck)

Material
- Zitrone
- Gewürznelken
- Bleistift, Schere
- Tonpapier oder -karton für Flossen
- Papprolle oder Tonkarton für Standrolle (dann auch Klebstoff)
- spitzes Obstmesser

Vorgehensweise
- In die Zitrone werden vom Kursleiter zwei kleine Löcher für die Augen und Schlitze für die Rücken- und Schwanzflosse hineingeritzt.
- Das Kind steckt die Gewürznelken in die Löcher.
- Die Flossen werden aufgezeichnet, ausgeschnitten und in die Schlitze hineingesteckt.
- Als Ständer wird die Papprolle zurechtgeschnitten, sodass die Zitrone darauf liegen kann.

A.6 Farbillustrationen

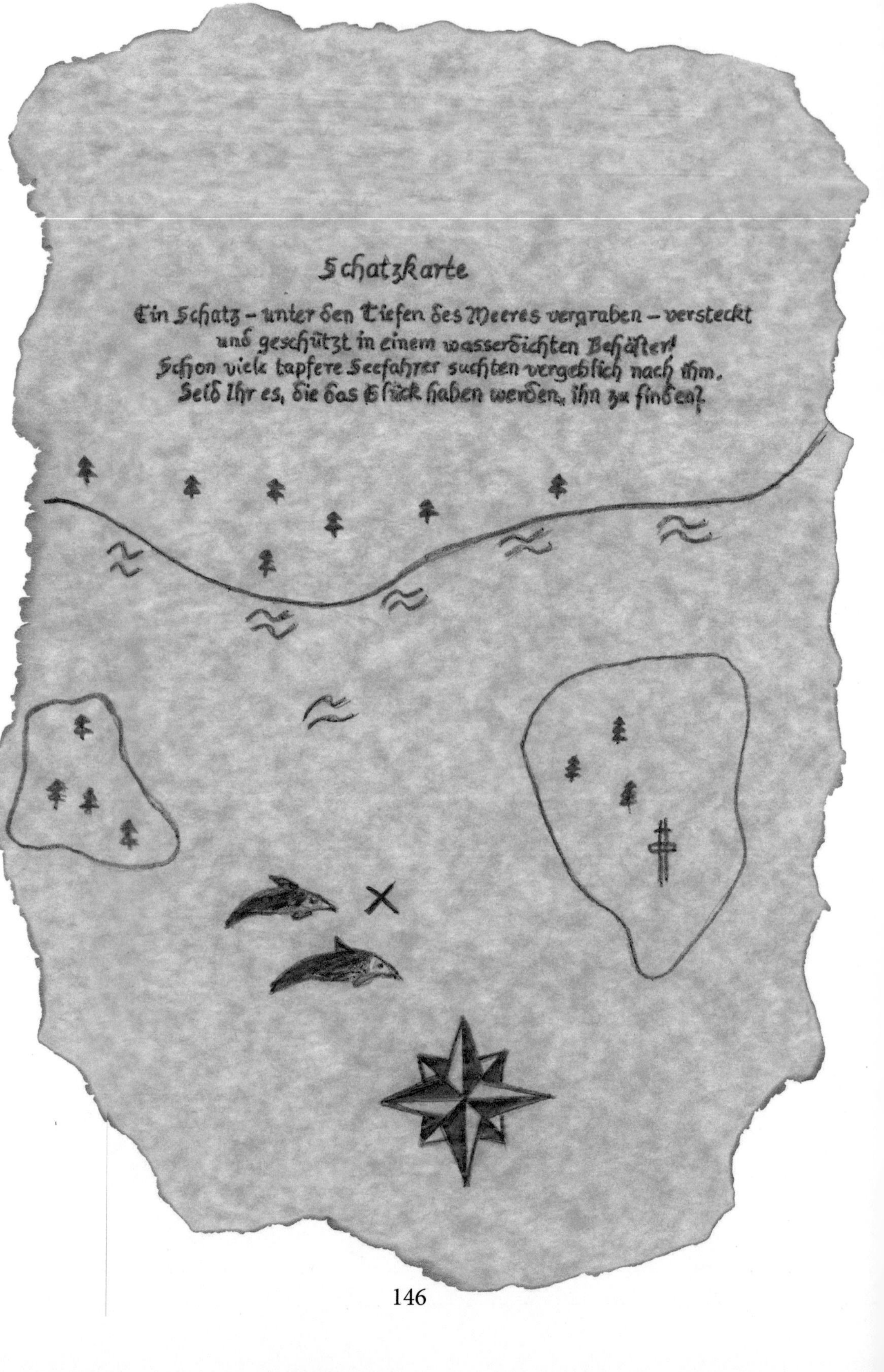

Literatur

Bahr, K. (2011). Der Wiener Entwicklungstest als Instrument der Schulfähigkeitsdiagnostik. Norderstedt: GRIN Verlag GmbH.

Barth, K. (2012). Lernschwächen früh erkennen im Vorschul- und Grundschulalter. München; Basel: Reinhardt.

Baureis, H. / Wagemann, C. (2010). Kinder lernen leichter mit Kinesiologie. München: Goldmann.

Bergmann, W. (2011). Lasst eure Kinder in Ruhe. München: Kösel.

Bläsius, J. (2010). 3 Minuten für alle Sinne. München: DonBosco.

Döpfner, M. /Schürmann, S. / Frölich, J. (2013). Therapieprogramm für Kinder mit hyperkinetischem und oppositionellem Problemverhalten THOP. Weinheim: Beltz Psychologische Verlagsunion.

Eggert, D. / Reichenbach, C. (2010). DIAS - Diagnostisches Inventar auditiver Alltagshandlungen. Dortmund: Borgmann.

Eggert, D. / Ratschinski, G. (2008). Diagnostisches Inventar motorischer Basiskompetenzen. Dortmund: Borgmann.

Frostig, M. / Lockowandt, O.: Deutsche Bearbeitung (1996). Frostigs Entwicklungstest der visuellen Wahrnehmung: FEW. Weinheim: Beltz Test Gesellschaft.

Goddard Blythe, S. (2011). Greifen und BeGreifen: Wie Lernen und Verhalten mit frühkindlichen Reflexen zusammenhängen. Freiburg: VAK.

Hüther, G. / Hauser, U. (2014). Jedes Kind ist hochbegabt. München: btb Verlag.

Kastner-Koller, U. / Deimann, P. (2012). Der Wiener Entwicklungstest (WET). Hogrefe.

Keller, S. / Wolf, H. / Köhler, L. / Ptock, H. / Kramp, M. / Domachowski, A. / Lewin, K. / Müller, C. / Arndt, M. (1986). Körpererziehung im Kindergarten. Berlin: Volk und Wissen.

Kopp-Duller, A. (2012). Legasthenie-Training nach der AFS-Methode. Klagenfurt: KLL-Verlag

Kopp-Duller, A. / Pailer-Duller, L.R. (2011). Training der Sinneswahrnehmung im Vorschulalter. Klagenfurt: KLL-Verlag.

Kopp-Duller, A. / Pailer-Duller, L.R. (2013). Dyskalkulie-Training nach der AFS-Methode. Klagenfurt: KLL-Verlag

Kroneberg, L. / Gramer-Rottler, S. (2015). Das bewegte Gehirn. München: Kösel.

Laewen, H.-J. (2003). Grenzsteine der Entwicklung eines Frühwarnsystems für Risikolagen in Kindertageseinrichtungen. INFANS Berlin. In: KITA-Debatte 1/2003.

Lauth, G. W. / Schlottke, P. F. / Naumann, K. (2007). Rastlose Kinder, ratlose Eltern. München: dtv.

Lauth, G. W. / Schlottke, P. F. (2009). Training mit aufmerksamkeitsgestörten Kindern. Weinheim: PVU.

Ledl, V. (2004). Kinder beobachten und fördern. Bildungshaus Schulbuchverlage Konkordia Wolf Dürr und Kessler.

Maaß, S. (2004). Stärken entdecken – Schwächen erkennen. Dortmund: verlag modernes lernen Borgmann KG.

Mayes, S. / Paine, C. H. (1999). Fahrzeuge – Flugmaschinen. Ravensburger Buchverlag.

Metz, K. / Prochaska, M. / Staudinger, G. (2005). Rudi Rennmaus. Schwabhausen: ki-ko-fö.

Myers, D.G. (2014). Psychologie. Berlin – Heidelberg: Springer-Verlag.

Odreitz, H. (1982). Auditive Beeinträchtigung bei Kindern. Klagenfurt: Bundesministerium für Unterricht und Kunst / Zentrum für Schulversuche und Schulentwicklung, Abt.1. (Reihe Arbeitsberichte Nr. 1 / 13).

Petermann,F. / Natzke,H / Gerken,N / Walter,H.-J. (2016). Verhaltenstraining für Schulanfänger. Göttingen: Hogrefe.

Press, H.J. (2004). Spiel - das Wissen schafft. Ravensburger Buchverlag.

Seyfried, H. / Helbock M. / Zeman, M. (1985). Eingangsdiagnose. Wien: Ketterl.

Schaefgen, R. (1999). Aufmerksamkeits-Defizit-Syndrom – eine Form der sensorischen Integrationsstörung. Phänomen Verlag.

Schandry,R. (2011, 3. Aufl.). Biologische Psychologie. Weinheim, Basel: Beltz Verlag.

Trerotola, R. (2005). Löwenzahn - Erlebnis Wasser. Hamburg: Xenos.

Walpole, B. (1988). Experimente, Tricks und Tips. München: Südwest Verlag GmbH & Co. KG.

Williams, B. / Williams, B. (Sonderausgabe ohne Jahresangabe).Wissen für Kinder: Forschung und Technik. Larousse-Verlag für die Planet Medien AG, Zug.

Williams, B. / Williams, B. (1993). 1001 Wunder aus Forschung und Technik. Köln: VEMAG Verlags- und Medien Aktiengesellschaft.

Zimbardo, G. (1999). Psychologie. 7. Auflage. Berlin: Springer.

Von Silvia Maaß ist im skript-Verlag ebenfalls erschienen:

Hundert Goldsteinchen

Die wundersame Reise in das Land der Fee Morena

Lars und Will begeben sich unfreiwillig auf eine märchenhafte Abenteuerreise, die nicht nur ihr eigenes Leben für immer verändern wird ... Ein Märchen über Freundschaft und Großherzigkeit, geeignet für Kinder im Alter von fünf bis zehn Jahren.

Paperback
72 Seiten
21 x 14,8 cm
ISBN 978-3-928249-40-9

Im skript-Verlag erscheinen vorwiegend pädagogische Titel für die Praxis

z. B.

Reinhard Dümler
Irrwege und Auswege bei der Förderung von Lesen und Rechtschreiben

Der Autor, der selbst 15 Jahre lang Schulanfänger unterrichtet hat, legt seinen Finger in manche Wunde des täglichen Lese- und Rechtschreibunterrichts. Er zeigt viele Irrwege, auf die Eltern und Lehrer von Fachleuten geschickt werden. Er belässt es aber nicht dabei, die Irrwege zu kritisieren, sondern nennt in jedem Einzelfall auch mögliche Alternativen.

Paperback
184 Seiten
22 x 17 cm
ISBN 978-3-928249-50-8

Reinhard Dümler
LEICHTER LESEN LERNEN
ein modularer Leselehrgang zur Prävention von Lese- und Rechtschreibproblemen

Bestens geeignet sowohl für Grundschullehrerinnen und -lehrer, als auch Förderlehrerinnen und -lehrer in integrativen Lerngruppen und in Förderschulen.

Paperback
132 Seiten
22 x 17 cm
ISBN 978-3-928249-51-5

Zu dem leicht verständlichen Arbeitsbuch ist ergänzend eine umfangreiche **Material-CD** mit zahlreichen Kopiervorlagen und Bildern erhätlich.

ISBN 978-3-928249-52-2

Besuchen Sie uns im Internet!

Dort finden Sie alle unsere Titel und in der **„Bücherkiste"** zahlreiche Bücher auch anderer Verlage zu **ermäßigten Preisen** (ältere Auflagen, Remmitenden, usw).

www.skript-verlag.de